Werner Eberlein - Frank-Joachim Herrmann -
Margot Honecker - Heinz Keßler - Klaus Huhn (Hrg.)

Auskünfte über Erich Honecker

Den Umschlag gestaltete: Alexej Brykowski

ISBN 3 - 933544 - 55 - 6
© 2002 by SPOTLESS-Verlag
Alle Rechte vorbehalten
Druck und Weiterverarbeitung:
Biznes Partner IBC Poland

VORWEG

Misstrauische Fragen aus dem Zwielicht:
Neues über Honecker?
Über sein Versagen?
Darauf als Antwort beharrlich die alten Phrasen:
Der war an allem Schuld!
Der hat die Mauer gebaut!
Kurzum: Der war an allem Schuld!
Klagen über seine „Fehler", die angeblich die DDR untergehen ließen? Vorgetragen ausgerechnet von denen, die diesen Untergang so sehr bejubelten? Das macht stutzig!

Solche wie Honecker, die vorgeblich an allem schuld sind, wurden schon immer mit Übereifer verfolgt und - selbst, wenn man ihre Schuld nicht nachweisen konnte - an den Pranger gestellt. Oder sogar verbrannt. Lessing schrieb die unvergessenen Tempelherren-Worte im Stück vom weisen Nathan: „Tut nichts! Der Jude wird verbrannt!" Der Dichter wollte damals als Humanist dem Antisemitismus ans Leder. Heute preisen sie den Antikommunismus gebetsmühlenartig. Aber auch Antikommunismus wirkt nur, wenn er personifiziert wird. Erich Honeckers Leben eignet sich dafür. Die Anklagethesen werden täglich variiert. Zum Beispiel heute, Jahre nach seinem Tod: Wer sein Leben lang im Sozialismus Arbeit hatte und sie nun verlor, wird beschieden, dass das nur der maroden Honecker-DDR zuzuschreiben sei.

Seit Oktober 1989 ist die Suche nach „Schuldigen" „in". Die Wortführer sind diejenigen, die die „Wahrheit" rastlos aus überlieferten antikommunistischen Gerüchten, Redensarten und Vorurteilen aneinander kleben.

3

Erich Honecker war am Ende seines Lebens ein gnadenlos Gehetzter. Der deutsche Rechtsstaat, dessen Obrigkeit noch 25 Monate vorher rote Teppiche für ihn ausgerollt hatte und die Ehrenkompanien zum Klang der Hymne der DDR salutieren ließ, trieb ihn erbarmungslos in den Krebstod. Ärzte schrieben warnende Gutachten, forderten, den Leidenden gebührend zu behandeln, aber die Politiker wollten ihn vor Gericht sehen. Der sich so gern als gütig ausgebende Ex-Hallenser Genscher drohte dem Kreml, Zahlungen zu reduzieren, wenn man Honecker nicht umgehend nach Berlin deportierte. Der „Vater der Einheit", Kohl, soll dem chilenischen Präsidenten bedeutet haben, dass man „andere Seiten" aufziehen würde, wenn man nicht endlich den Kommunisten aus der chilenischen Botschaft in Moskau exmittieren würde.

Man wollte ihn am Galgen sehen und da störte der Operationssaal nur. Kommunistenhatz war angesagt, erinnernd an die Christenjagden im römischen Colosseum.

Was Honecker selbst wohl besonders traf, war, dass auch erfahrene Genossen nicht sahen oder nicht sehen wollten, welch Wandel in der gesellschaftlichen Entwicklung heraufzog und der Illusion nachhingen, man müsse nur laut genug Schuld und Fehler beklagen, um von Rache verschont zu werden.

Aber die Jagd in den Tod trieb die Erinnerung nicht aus allen Köpfen. Ein Alltagsbeispiel von Tausenden: An einem Novembermorgen 2001 fand ein Obdachloser in einem Park in Berlin-Treptow einen toten Obdachlosen. Von denen, die dazu kamen, sagte einer: „Das wäre unter Honecker nicht passiert." Niemand widersprach ihm.

Die DDR hatte drei Staatsoberhäupter: Wilhelm Pieck, Walter Ulbricht, Erich Honecker. Zwei Tischler, einen Dachdecker. Sie wollten ein deutsches Haus zimmern und decken, das nie wieder Krieg zulassen würde und in dem kein Obdachloser unter Brücken oder auf Parkbänken enden sollte. Manches misslang beim Hausbau, auch weil man keine fertigen Zeichnungen hatte, wie solche Häuser zu errichten sind. Und auch weil Nachbarn den Bau störten, wo sie nur konnten. Als es einstürzte, lebte Honecker als Einziger der drei noch und folglich lud man alle Schuld auf ihn.

Also wurde Honecker wie ein Obdachloser von Zuflucht zu Zuflucht gejagt, bis er starb. Und dann kam die Frage auf: Wie hetzt man einen Toten? Zum Beispiel: Man lässt verlogene Bücher über ihn schreiben. Fast ein Jahrzehnt ist seit seinem Tod vergangen, und zum Unbehagen der jetzt Herrschenden geriet er nicht in Vergessenheit. Vor allem nicht bei denen, die hart schuftend die DDR mit aufgebaut hatten und sich an die Lügen nicht gewöhnen wollen, die über diese Zeit verbreitet werden. Bis hin in die Schulbücher, die selbst die Enkel stutzig fragen lässt: „War das wirklich alles so?"

Also mussten „Historiker" an die Front. In drei Monaten des Jahres 2001 erschienen drei Honecker-Biografien. Alle sind nach dem gleichen Muster gestrickt: Fünf rechts, sieben Luftmaschen, zehn rechts. Und eingewebt immer die Tiraden der gleichen Kronzeugen: Schabowski u.a. Und im Hintergrund immer die untergegangene DDR, deren soziale Leistungen sich nicht davonlügen lassen.

In dieser Situation präsentieren wir: „Auskünfte über Erich Honecker". Manches stammt aus seiner Feder. Man sollte es wenigstens zur Kenntnis nehmen, ehe man neue Vorwürfe hinausschreit.

Die „Auskünfte" eskalieren an keiner Stelle zum Heldenepos, sondern bleiben sachliche Faktensammlung, und unterscheiden sich dadurch von den schon erwähnten antikommunistischen Schmähschriften! Der „Auskünfte"-Herausgeber spürte schon in den ersten Stunden seiner Recherchen, dass man darauf setzte, ihn zu ängstigen und von seinem Vorhaben abzubringen.

Er war am 12. November 2001 mit dem Iberia-Flug 6833 um 9.52 Uhr Ortszeit in der chilenischen Metropole gelandet und am Nachmittag mit der Witwe Erich Honeckers zu einem Einkaufsbummel in den Tante-Emma-Laden an der nächsten Ecke aufgebrochen. Als sie heimkehrten, bremste lärmend ein Auto neben ihnen, eine Chilenin sprang heraus und warnte die „Senora" aufgeregt vor einem Deutschen, der sie mit der Kamera verfolge. Wenige Schritte weiter schrie jemand gellend „Hallo!" Als die beiden sich umwandten, stand ein Mann hinter ihnen, Blondschopf mit Oberlippenbart in einem auffallend flachem Gesicht, und drückte wie wild auf den Auslöser seiner Kamera. Zufrieden mit sich, schrie er giftig: „Wir finden euch überall". Margot Honecker war nicht beeindruckt, der Verleger auch nicht. Er wusste nun: Die Honecker-Jagd geht weiter!

Die Leser der anspruchslosen „Super Illu" sollten mit den Fotos - fette Titelseitenankündigung: „In Chile ertappt" - über eine angeblich bisher streng geheimgehaltene Liebesaffäre der 75-jährigen Margot Honecker aufgeklärt werden: Der ertappte „Lover" arbeitete natürlich einst für die Stasi, trug einen billigen Trainingsanzug, und Margot Honecker handelte mit sibirischen Tigerfellen, die - damit war der Bogen geschlagen - Erich Honecker einst als Geschenk vom Baikalsee mitgebracht hatte.

Wer kennt nicht das Wort von der Karawane, die, kläffende - im Ernstfall auch fotografierende - Köter ignorierend, unbeirrt weiterzieht? Man tat noch so einiges, um Furcht zu säen. Ohne

Nutzen für die Köter. Das Buch erlebte schon drei Auflagen. Womit man bei der Kehrseite der Hatz- und Hetzmedaille angelangt wäre. Letztlich erwies sich die aufwendige Foto-Safari in Chile als wirksame Werbung - für dieses Buch. Vieles hatten die Erfinder wohl im Sinn - außer unbezahlter Reklame. Aber unter den Bunte-Blatt-Lesern waren offensichtlich auch viele, die an echten „Auskünften" interessiert waren. Der Besuch des Verlegers „im billigen Trainingsanzug" in Chile machte neugierig. Zudem war eine viel beachtete Studie eben in Europa publiziert worden, nach deren Auskünften Deutschland, was Bildung angeht, in die Gruppe der Abgehängten weit hinter dem Hauptfeld geraten ist. War Margot Honecker nicht für die Bildung in der DDR zuständig? Und das so wirksam, dass zum Beispiel der Bildungsminister des Landes Brandenburg, Steffen Reiche - Bürgerrechtler, Pfarrer, Sozialdemokrat - der schockierten PDS-Landtagsfraktion im Januar 2002 vorschlug, den Tag des Lehrers am 12. Juni wieder einzuführen. Reiche wurde in einer weit verbreiteten Zeitung mit den Worten zitiert: „Dies sei eine gute Möglichkeit, das Ansehen der Pädagogen in der Gesellschaft zu verbessern und ihrer Arbeit mehr Achtung entgegenzubringen."

Nein, das hatte die Anti-Honecker-Brigade nicht gewollt, als sie ihre ersten Salven gegen die „Auskünfte" feuerten. Das auf keinen Fall.

Auch wenn sie wider Willen daran mittaten, gebührt ihnen Dank, auf den der Verleger und seine vielen Freunde nicht verzichten wollen.

ZUSAMMENGEFEGTES

Zu wiederholen wäre: Im Herbst 2001 erschienen in Deutschland drei Bücher, deren Autoren sich als Biografen des am 24. Mai 1994 in Santiago de Chile verstorbenen Erich Honecker ausgaben. Sie nannten zwar unterschiedliche Motive für ihre Publikationen, machten aber kein Hehl daraus, dass sie die Person Honeckers gewählt hatten, um die untergegangene DDR zu diskriminieren. Das wäre an sich nicht sonderlichen Aufhebens wert, weil es seit langem zu den Gepflogenheiten der in der bundesdeutschen Gesellschaft herrschenden Medien gehört, sich intensiv in übler DDR-Nachrede zu üben. Da das inzwischen Pflichtübung wurde, sank das ohnehin nicht sonderlich anspruchsvolle Niveau dieser Bemühungen rapide. Andererseits wuchs die Zahl der Bürger, die angesichts der Entwicklung in der Bundesrepublik Deutschland Vergleiche zu sozialen und ethischen Leistungen der Deutschen Demokratischen Republik anstellten und daraus unbequeme Fragen ableiten. Vielleicht muss man die nachgeladenen Anti-Honecker-Salven auch im Zusammenhang mit Ereignissen sehen, die sieben Jahre nach seinem Tode mit Schocksymptomen deutsche Schlagzeilen beherrschen. Dass im Honecker-Staat Aufgewachsene scharenweise die Partei wählten, die als Einzige gegen die Beteiligung der Bundeswehr an kriegerischen Abenteuern gestimmt hatte, trug den Wählern den Vorwurf ein, in Honeckers Sinn gehandelt zu haben. Und: Ausgerechnet den Tag, an dem die dritte der drei Biografien abends aufwändig in Berlin vorgestellt wurde, hatten zahlreiche der anwesenden Journalisten damit verbringen müssen, in einem Wahllokal des Stadtbezirks Hohenschönhausen - die Wähler leben dort vornehmlich in in der Honecker-Ära errichteten und seit 1990 heftig geschmähten Plattenbauten - herauszufinden, wie die PDS dort zu 78,2 Prozent der Stimmen für das Abgeordnetenhaus gekommen war...

Wenn wirklich Überraschendes an der Honecker-Biografien-Inflation zu konstatieren ist, dann auch die marktwirtschaftlich auffällige Tatsache, wie viel Geld man in diese Vorhaben investierte. Das lässt sich nur mit der Vermutung erklären, die Verleger wären großzügigen Sponsoren begegnet oder hätten auf Sponsoren gesetzt, die mit einem Scheck dafür sorgen würden, dass sich der Aufwand „rechnet", was wiederum voraussetzen würde, es gäbe noch zureichend Interessierte an diesem Thema in diesem Stil. Daran wird in der Branche gezweifelt.

Bevor wir hier die vierte Biografie der neuen „Serie" vorlegen - dabei Wert darauf legend, dass sie sich in jeder Hinsicht von den anderen unterscheidet - blieb uns keine Wahl: Wir müssen wenigstens mit einigen Stichworten die Mängel der anderen transparent machen, schon aus der kühlen marktwirtschaftlichen Überlegung, den Leser wissen zu lassen, dass unser Text nicht als Vorwand herhalten soll, die DDR zu delegitimieren.

Einige Worte zu den vier Verlagen und den Autoren Den Leipziger Verlag Faber & Faber leitet der frühere Cheflektor des renommierten Berliner Aufbau-Verlages Elmar Faber, eine lange als integer geltende Persönlichkeit, die sich verdienstvoll der Herausgabe von Weltliteratur widmete. In einem Antwortbrief an mich, mochte sich Faber nicht zu der Frage äußern, was ihn dazu bewogen hatte, der Literatur großer Geister den obendrein schon einmal verbreiteten billigen Anti-Honecker-Schmäh eines gewissen Reinhold Andert folgen zu lassen.

Der sich gemeinhin als „Liedermacher" ausgebende Andert hatte sich in den turbulenten Rückwendezeiten ins Vertrauen der Honecker-Familie geschlichen - die Honecker-Tochter war in der Leipziger Straße in Berlin seine Nachbarin gewesen, was sein Vorhaben begünstigte -, danach Gespräche mit Erich Honecker geführt, die er unter unaufrichtigen Vorwänden auf Tonband mitschnitt und eines Tages die durch einen Herzinfarkt bedingte Abwesenheit der misstrauischeren Margot Honecker nutzte, um Erich Honecker zu bedrängen, er möge ein Papier unterschreiben, mit dem ihm gestattet würde, die Tonbandmitschnitte als Buch zu veröffentlichen.

Erich Honeckers Rechtsanwalt Friedrich Wolff erinnert sich sehr genau dieser Affäre und hielt sie für wichtig genug, sie in seinen Memoiren exakt zu beschreiben: „Anfang November 1990 erschienen bei mir im Büro im Rahmen der üblichen Sprechstundenzeiten Herr Andert und Herr Herzberg. Herr Andert war mir aus einem Gespräch im Büro Vogel bekannt. Er hatte an diesem Tag Margot Honecker begleitet. Ich wusste auch von ihm selbst, dass er Gespräche mit Erich Honecker führte, die, wie er meinte, eine quasi psychotherapeutische Bedeutung für meinen Mandanten hätten. Beide überraschten mich mit der Erklärung, dass sie ein Buch über Gespräche mit Erich Honecker veröffentlichen wollten; ich sollte dem zustimmen, weil Herr Honecker sonst mit der Veröffentlichung nicht einverstanden wäre. Die Mitteilung schockierte mich. Die Tatsache solcher Gespräche hatte sich bereits angedeutet, und wir Anwälte hatten immer vor einer Veröffentlichung gewarnt. Wir waren aber jeweils beruhigt worden, sodass wir an ein konkretes Publikationsvorhaben nicht geglaubt hatten. Nun also das. Ich erklärte, dass wir Verteidiger einer Veröffentlichung im gegenwärtigen Augenblick keinesfalls zustimmen könnten. Die beiden wollten jetzt von mir wissen, was ihnen passieren könnte, wenn sie es dennoch täten. Ich machte deutlich, dass sie mit erheblichen Sanktionen rechnen müssten.

Nach dieser Mitteilung setzte ich mich unverzüglich mit Bekker und Ziegler (die beiden anderen Honecker-Anwälte. A.d.A.) in Verbindung, und es kam am 15. November in Beelitz zu einer Aussprache aller Beteiligten mit Andert. Becker stellte Andert bohrende Fragen. Als die Frage nach dem Honorar auftauchte, das Andert für das Buch erhalte, erhob sich dieser vom Stuhl, der Schweiß stand ihm auf der Stirn, und er erklärte, dass er das nicht länger mitmache und nun gehe. Erich Honecker war am Rande seiner Fassung. Nie habe ich ihn davor oder danach wieder so gesehen. Er brachte nur heraus: 'Das kannst Du doch nicht machen!' Aber Andert 'machte es' und ging. Mir hat sich die Szene so eingeprägt, weil ich in diesem Moment fühlte, wie stark sich Honecker in seinem Vertrauen getäuscht und wie sehr er sich verletzt fühlte. Das Buch erschien. Das Ganze hat uns jedenfalls unnötig geärgert und beschäftig-."[1]

Es kam später zu einem Prozess gegen Andert. Er musste einen Teil des Honorars an die Prozesskasse abführen und außerdem wurde die Auslieferung des Buches vorübergehend gestoppt.

Zehn Jahre danach nun also der zweite Anlauf. Diesmal verzichteten Andert - und sein Verleger - sogar darauf, die Tonbandmitschnitte als „Beleg" zu verwenden. Der Autor behauptete - auch vor einer Fernsehkamera -, Erich Honecker habe ihm erzählt, was er nun zu Papier gebracht habe. Müßig darauf hinzuweisen, dass der Verstorbene sich nicht mehr gegen diese Unterstellungen wehren kann. Das Resultat ist ein Band oberflächlicher Skandalliteratur. Dem Vernehmen nach spekulierte Verleger Faber auf eine von Margot Honecker vielleicht beantragte einstweilige Verfügung, erlag damit aber einem weiteren Irrtum. Er hatte mit dieser Ankündigung die Buchhändler zum Großposten-Ankauf ermuntern wollen und ihnen zu verstehen gegeben, dass im Falle eines Verbots „gebunkerte" Bücher erfahrungsgemäß guten Absatz fänden. Der Prozess blieb aus. Margot Honecker dazu: „Warum prozessieren? Ich hatte von Andert nichts anderes erwartet, gegen Enttäuschungen führt man keine Prozesse..."

Danach schickte der angesehene Rowohlt-Verlag einen gewissen Jan N. Lorenzen in den Gutenberg-Ring. Er gab allerdings - entgegen aller Verleger-Gewohnheiten - nur dürftig Auskunft darüber, was den Autor wohl für diese Arbeit empfahl. Der gebürtige Hamburger, Geburtsjahr 1969, derzeit in Leipzig ansässig, soll Historiker und als freier Mitarbeiter für Fernsehsender tätig sein. Versprochen ward dem Leser: „In dieser ersten groß angelegten Biografie wird sichtbar, warum Honecker diese einmalige politische Karriere gelang, obwohl er weder über eine besondere persönliche Ausstrahlung noch politische Talente zu verfügen schien." Wahr ist, dass Lorenzen das 1971 in Köln erschienene Buch eines Heinz Lippmann über Honekker zur Hand nahm und seitenweise daraus zitierte. Dieser

11

Lippmann hatte in den DDR-Gründerjahren wichtige Positionen in der FDJ bekleidet und war auch in den Westzonen tätig, wo die Bundesregierung die FDJ bekanntlich als kommunistisch eingestuft und bald verboten hatte. Im September 1953 wechselte Lippmann die Seiten und verließ die DDR „unter Mitnahme einer größeren Summe D-Mark (West)."[2] Ein wegen seiner FDJ-Aktivitäten gegen ihn schon eingeleiteter Hochverratsprozess wurde eingestellt, nachdem er sich bereit erklärt hatte, gegen KPD- und FDJ-Funktionäre vor dem Bundesgerichtshof als Belastungszeuge auszusagen. Später fand er bei der SPD einen Job und arbeitete im Gesamtdeutschen Institut in Bonn. (Einer Instanz, der man in Insiderkreisen enge Kontakte zu den bundesdeutschen Geheimdiensten nachsagte.)

Diesem Kronzeugen des Bundesgerichtshofes der BRD fügte Lorenzen Aussagen von Schabowski hinzu. Wohlgemerkt Aussagen aus den Nachwendejahren. Schabowskis Pro-Honecker-Elogen früherer Jahre wurden mit keiner Silbe erwähnt. Die Akribie, mit der an dieser Biografie gearbeitet wurde, verrät zum Beispiel die Nuance: „Der West-Berliner Senat unter Bürgermeister Fritz Reuter..."[3] Fritz Reuter (1810-1874) war bekanntlich ein angesehener plattdeutscher Schriftsteller. Gemeint war vermutlich Ernst Reuter, ein engagierter Antikommunist in den Reihen der SPD, der Anfang der Zwanzigerjahre allerdings auch schon Generalsekretär der KPD gewesen war. Auch was den inzwischen in unzähligen Varianten behandelten 17. Juni 1953 betrifft, hatte dieser „Historiker" eine faszinierende Neuigkeit zu präsentieren: „Bereits am Abend des 11. Juni stießen Bauern auf dem Land auf das Wohl von Bundeskanzler Adenauer an."[4] Leider erfährt der Leser nicht, wo dieser für die deutsche Geschichte so belangvolle Stammtisch stand und erst recht nicht, wer den Bauern die Lage spendiert hatte.

Der Verfasser des dritten Anti-Honecker-Buches ist ein gewisser Thomas Kunze, der sich auf den „Sturz" und die letzten Lebensjahre beschränkt, bewusst darauf verzichtend, den Lebensweg Honeckers wenigstens in Umrissen nachzuzeichnen, dafür aber Kritik daran übte, dass die gnadenlose Verfolgung des Todkranken von ihm selbst nicht richtig eingeordnet wurde: „... die Selbstgerechtigkeit des ehemaligen Staats- und Parteichefs und dessen Unfähigkeit, in seinem Schicksal ein Stück politischer Gerechtigkeit zu erkennen, wirken überzogen. [5] Den fundierten Verdacht, dass in Moskau auf Wunsch der Bundesregierung sogar ein Attest manipuliert wurde, um Honecker vor ein Berliner Gericht bringen zu können, ignoriert er - wegen der „politischen Gerechtigkeit"? - völlig, räumt aber - wohl unbewusst - ein, dass die Politiker Honecker jagten und die Juristen erst holten, als sie deren „Alibi" benötigten. Und deren lärmende Hinweise auf Gerechtigkeit und Rechtsstaat.

Ob Kunze je den viele Gemüter bewegenden Kommentar des „Spiegel"-Herausgebers Rudolf Augstein gelesen hat, erscheint fragwürdig: „Die deutsche Justiz kann sich den Schnurrbart zwirbeln, sie hat es erreicht: Gegen den ehemaligen Staatsratsvorsitzenden Erich Honecker, einem todkranken Mann, ist das Hauptverfahren eröffnet worden... Diesen Prozess wird am Ende niemand gewollt haben... Rache muss kalt genossen werden, meinte der alte Adenauer. Aber diese Rache hier, für die ein kranker, ein zu alter und im Übrigen ein nahezu schuldunfähiger Mann herhalten soll, wird uns noch schwer im Magen liegen. Um es mit aller Zurückhaltung auszudrücken: Der westdeutsche Staat und alle seine zuständigen Organe haber in dieser Sache bis zur Lächerlichkeit versagt."[6]

Es gehört einige Verwegenheit dazu, Kunze und Augstein im gleichen Atemzug zu nennen, und das geschieht hier auch nur, weil Kunze auf die Vergesslichkeit unserer schnelllebigen Zeit spekuliert. Zudem folgt er dem Prinzip, Zitate nur so gestutzt wiederzugeben, dass sie die oft verwegenen Behauptungen des Autors stützen. Und obendrein werden auch Zeugen zitiert, die triftige persönliche Gründe hatten, Honecker die „Hauptschuld" an allem anzulasten, was Chancen eröffnete, den eigenen Anteil an umstrittenen Geschehnissen zu reduzieren. Kunze trat an, um nachzuweisen, was er im Nachwort mit den Worten formulierte: „Die gesamtdeutsche Justiz... stellte Honecker vor Gericht. Honeckers Regime hatte einem Großteil ihrer (gemeint offenbar:

13

'seiner' A.d.A.) Bürger eine Existenz oktroyiert, die diese nicht wollten...["]7) Diese Begründung für das unmenschliche Gerichtsverfahren gegen den Todkranken möchte man eine Spitzenleistung hirnloser Demagogie nennen, die Rückfragen nicht entgehen kann. Zum Beispiel: War dem DDR-Bürger Kunze die Existenz eines Studenten oktroyiert worden? Wie kam er mit dieser Pression zurande?

Dass zur Premiere des Kunze-Buches auch der Anklagevertreter aus dem Honecker-Prozess als ein das Produkt rühmender Claqueur erschien, bestätigt immerhin, dass er den Ton derjenigen gefunden hatte, die das Inquisitionsverfahren inszeniert hatten. Fand man etwa sonst niemanden, der das Buch in der Öffentlichkeit anpreisen wollte? Dass die im Buch genannte Lektorin die Rezension in „Neues Deutschland" schrieb, erhärtet diesen Verdacht. Von dem Verleger, der das alles bewerkstelligte, erzählt man sich, dass er einen der geschäftlich erfolgreichsten Verlage der neuen Länder leitet. Zu DDR-Zeiten soll er sich auch mit Solidaritätsaktionen für das gegen USA-finanzierte Söldner kämpfende Nikaragua hervorgetan haben. Nach der Rückwende schloss er eine „Connection" (neudeutsch: „Seilschaft") mit der Gauck-Behörde, die - so flüstert man in der Branche - fortan ihre eigenen Publikationen dem aufstiegswilligen Verleger zukommen ließ und unabhängig vom Absatz großzügig finanzierte.

Übrigens hatte Kunze dem „Spotless"-Verlag, der nun also die vierte Honecker-Biografie des Herbstes 2001 präsentiert, in seinem Buch einige Zeilen gewidmet: „Auf dem Flug nach Sao Paulo hat Erich Honecker Sitzplatz 13 A auf dem Oberdeck. Er trägt einen dunkelblauen Anzug und einen roten Schlips. Honecker blättert geschäftig in einem Manuskript, das ihm kurz vor seinem Abflug Klaus Huhn zugesteckt hat. Huhn ist der Halbbruder von Ex-Politbüromitglied Werner Eberlein. Früher arbeitete er als Sportjournalist für das 'Neue Deutschland', jetzt leitet er einen kleinen Verlag, der überwiegend Bücher von ehemaligen SED-Größen sowie DDR-nostalgische Publikationen veröffentlicht."8)

Die „Halbbruder"-Version könnte als typisch für den Stil des Buches bezeichnet werden: Wo Fakten fehlen, wählt man notfalls „Sippenhintergründe", und wo notwendig wird auch gelogen: Huhn hatte gar keine Chance, Honecker das Manuskript zuzustecken, weil der ständig von einem Bodyguard-Kommando der Berliner Polizei umgeben war, das man jedoch überlisten und ihm wenigstens die Fahnen des Buches zukommen lassen konnte.

Kurzum: Was Augstein schon 1992 rügte, haben Kunze und sein Verleger mit ihrer Produktion ein knappes Jahrzehnt später nur bekräftigt: „Um es mit aller Zurückhaltung auszudrücken: Der westdeutsche Staat und alle seine zuständigen Organe haben in dieser Sache bis zur Lächerlichkeit versagt."[9]

Andere von Augstein erwähnte Fakten wurden von Kunze schlicht ignoriert: „Die Bundesregierung in Bonn und Franz Josef Strauß in München haben ihn (Honecker. A.d.A.) so geehrt, als sei er Churchill und de Gaulle in Personalunion, ihm mit Unsummen Gefangene abgekauft und wußten doch ganz genau, was in seiner DDR und an deren Westgrenze geschah. Sie müßten, ginge es nach Recht und Gesetz, der Beihilfe angeklagt werden."[10]

Festzustellen wäre: Die Autoren der hier vorliegenden „Auskünfte" sehen keinen Sinn darin, die zuweilen unsäglichen Behauptungen der drei Biografen „richtig stellen" zu wollen, wozu zum Beispiel auch die Behauptung gehören würde, Mielke hätte Belastungsmaterial gegen Honecker in seinem Safe versteckt. Möglicherweise führte der von Erpressung, Korruption und spurlos verschwundenen Akten geprägte BRD-Alltag bei den Autoren zu gewissen Transformationen. Es soll auch nicht versucht werden, das Vorstellungsvermögen der Biografen klassifizieren zu wollen.

Die auf den folgenden Seiten wiedergegebenen Auskünfte stammen von Honecker selbst und lebenden Personen, die ihn sehr gut kannten. Der Leser wird feststellen können: Sie wetteiferten nicht darin, Rühmenswertes über ihn auszusagen, sondern bemühten sich, ihn zu beschreiben wie er war.

15

Dass dieses Buch dennoch keine wohlmeinenden Rezensionen in den heute den Markt beherrschenden Medien erwarten kann, darf als sicher gelten. Das wiederum kann nur Feststellungen Honeckers über diese Medien bestätigen.

Um von Dritten die Atmosphäre beschreiben zu lassen, die herrschte, als die Honecker-Hatz auf dem Höhepunkt angelangt war, zum Schluss dieses Anfangs drei Pressestimmen von damals:

„Mit Leuten wie Erich Honecker hätte man in Münster kurzen Prozess gemacht. Da hängen heute noch am Turm der Lambertikirche die Nachbildungen von drei eisernen Käfigen, in denen am 22. Januar 1536 die Leichen der 'Wiedertäufer' Jan van Leiden, Bernhard Knipperdolling und Bernd Krechtig zur Schau gestellt worden waren. Man hatte sie mit glühenden Zangen zu Tode gefoltert. Ihre Schuld war es, in Münster ein neues Regime errichtet zu haben, das 'Himmelreich auf Erden'. Es hielt sich anderthalb Jahre lang - ein frühkommunistisches Reich ohne Geld... Immer haben sich die Herrschenden gerächt an denen, die ihre Weltordnung umstürzen wollten."[11]

„Warnende Stimmen ließen sich vor dem 12. November hören: der Rechtsstaat werde sich mindestens lächerlich machen, womöglich sogar blamieren. Diese Prophezeiungen gingen in Erfüllung. Der 'Honecker-Prozess' degenerierte binnen kurzem zum Show-Kampf der Eitelkeiten... Am 21. Dezember kleidete Streletz-Anwalt Christoph Rückel seine Eindrücke in den Satz: 'Der heutige Verhandlungstag war ein makabrer Tag.' Diese Einschätzung gilt für den gesamten Prozess."[12]

„Noch widerlicher wird die Angelegenheit durch die dreiste Behauptung, 'das Publikum, wolle es so'... Als sei das 'Publikum' ein mittelalterlicher Haufen, der sich auf dem Richtplatz an abgeschlagenen Köpfen ergötzt... Wer sagte, dass die Würde des Menschen unantastbar ist?"[13]

AUS SEINEM LEBENSLAUF

Der Text ist zum großen Teil zitiert aus „Erich Honecker - Aus meinem Leben", Oxford und Berlin 1980. Texte aus anderen Quellen sind hinzugefügt, wenn nötig, mit ausdrücklichen Hinweisen versehen und markiert (□).

„... Trotz medizinischer Fortschritte bringen Mütter ihre Kinder noch immer unter Schmerzen zur Welt. Hinzu kommen seelische Belastungen. Zumal dann, wenn die Freude über einen Neugeborenen von der Sorge getrübt ist, ihm für den Start ins Leben nicht die gewünschten Bedingungen bieten zu können. Wenn die Zeiten schlecht sind. Wenn die Wohnung kalt und zu klein ist. Wenn Nahrungsmittel fehlen. Wenn die Einkünfte der Eltern bei allem Fleiß und aller Sparsamkeit nicht ausreichen. Und wenn sogar der Arbeitsplatz des Vaters unsicher ist.

Wie mag meiner Mutter zumute gewesen sein an jenem Sonntag, dem 25. August 1912, als sie mich in Neunkirchen, im Hause Karlstraße 26 (heute Max-Braun-Straße 26), in unserer Mansardenwohnung zur Welt brachte? Und wie meinem Vater, dem Bergarbeiter Wilhelm Honecker, geboren am 8. März 1881 in Wiebelskirchen, damals also 31 Jahre alt? Meine Mutter war 29. Sie war am 2. Juni 1883 als Karoline Weidenhof in Neunkirchen geboren worden. Meine Eltern hatten am 9. Dezember 1905 den Bund fürs Leben geschlossen. Sie waren glücklich verheiratet und kinderlieb. Sie haben jederzeit alles, was in ihren Kräften stand, für ihre Kinder und Kindeskinder getan.

...

In unserem Haus trafen sich ab Ende 1918 regelmäßig Kollegen und Genossen meines Vaters. Er duldete, daß ich trotz seiner Bitte, nicht zu stören, mitunter in den Raum kam, in dem diskutiert wurde - über die verschiedensten politischen Fragen, vor allem über die Lage im Bergbau, im Hüttenwerk und in der Grube Deschen, in der mein Vater bis zu seiner Entlassung 1935 Vertrauensmann und Sicherheitsmann war.

...

Damals, in den Tagen der Novemberrevolution und den Jahren der revolutionären Nachkriegskrise, erklärte mir mein Vater in seiner einfachen Art, warum die Reichen reich und die Armen arm sind, woher die Kriege kommen, wer an den Kriegen verdient und wer unter ihnen leidet. Für mich war das einleuchtend. Ich gewann ein klares Weltbild. Ich nahm mir vor, mein Leben dem Kampf für eine Welt des Friedens und des Sozialismus zu widmen. An dieser Lebensaufgabe habe ich festgehalten.

Ich kann mich an keinen Augenblick in meinem Leben erinnern, da ich an unserer Sache gezweifelt hätte - weder in der Kindheit noch in der Jugendzeit, den Jahren der politischen Arbeit im Kommunistischen Jugendverband Deutschlands (KJVD) und des Eintritts in die Kommunistische Partei Deutschlands, weder im antifaschistischen Widerstandskampf 1933 bis 1935 noch im faschistischen Zuchthaus 1937 bis 1945, weder in der Berliner Prinz-Albrecht-Straße, dem Hauptquartier der Geheimen Staatspolizei (Gestapo), im Dezember 1935 noch vor dem 'Volksgerichtshof' im Juni 1937, weder in der Kaserne der 'Leibstandarte Adolf Hitler' der faschistischen 'Schutzstaffel' (SS) Ende 1935 noch im Angesicht des Henkers, der während der anderthalb Jahre Untersuchungshaft mein ständiger Begleiter war.

...

Im Sommer 1977, anläßlich meines 65. Geburtstages, hielten Rundfunk- und Fernsehstationen der Bundesrepublik Deutschland (BRD) es für nötig, in Wiebelskirchen einige meiner ehemaligen Schulkameraden nach ihren Erinnerungen an mich zu befragen. Die Reporter, die sonst kein gutes Haar an der DDR lassen, bekamen durchweg freundliche Auskünfte. Ich sei 'ein netter Kerl' gewesen und 'in der Schule ein guter Rechner'. Die Befragten erinnerten auch daran, 'daß der Erich sich früh schon, sehr früh politisch betätigt hat'. Und das ist zweifellos richtig. Kurz vor meinem zehnten Geburtstag, im Sommer 1922, wurde ich Mitglied der Kommunistischen Kindergruppe in Wiebelskirchen. Ich war damals gerade in die fünfte Klasse der Volksschule gekommen. Die Zugehörigkeit zur Kinderorganisation der Kommunisten wurde in der Schule nicht gern gesehen. Doch mir machte sie Spaß... Wir zogen gemeinsam hinaus ins Grüne - mit Gesang, versteht sich -, erfreuten uns an den Schönheiten der Natur und lernten die saarländische Heimat näher kennen. Wir trieben Sport, spielten Theaterstücke, zum Beispiel 'Spartakus - der Sklavenbefreier', übten Lieder für Versammlungen und Kundgebungen der Partei und trafen uns zu unterhaltsamen und lehrreichen Nachmittagen, die mitunter auch auf dem Dachboden meines Elternhauses stattfanden.

...

Erich Voltmer, von einer Westberliner Rundfunkstation nach seinen Erinnerungen befragt, erzählte unter der Dorflinde von Wiebelskirchen: 'Das war also diese Stelle, an der wir vor jetzt mehr als 40 Jahren oft lang diskutierten, die Kommunisten, die Sozialdemokraten, die katholische Jugend. Honecker war eben einer der Wortführer oder der Wortführer der Kommunisten. Und es ging also nächtelang manchmal hier zu. Die politische Diskussion spielte sich eben damals auf der Straße ab. Und Honecker war der Souverän, der souveräne Wortführer der Kommunisten.'

Die politischen Debatten, so erinnerte sich Voltmer weiter, waren 'meistens sehr laute Diskussionen, aber Honekker machte dabei eine Ausnahme. Er war kein Brüller, kein Schreier, er hat versucht, nicht wahr, durch Argumente zu überzeugen.' Dann fragte der Reporter..: 'Es wird gesagt, daß Honecker nicht trank und nicht rauchte, war er denn wirklich so solide?' Und Voltmer antwortete: 'Ja, war er absolut.'

Nun, so absolut würde ich selbst das nicht sagen. Ich war kein 'Heiliger', war nie ein 'Kind von Traurigkeit'. Habe auch damals gern ein Bier getrunken, obgleich das Geld knapp war und ich auch wußte, daß der Alkohol ein schlimmer Feind... sein kann. Geraucht habe ich später ebenfalls, bin aber im fortgeschritteneren Alter auf Anraten der Ärzte wieder davon abgekommen. Zu einer gesunden Lebensführung trug meine Aktivität im Arbeiterturn- und Sportverein 'Fichte' in Wiebelskirchen bei, wo ich an Gymnastik und Geräteturnen teilnahm und Handball spielte. Mit der Naturfreundejugend war ich eng verbunden.

...

Bei meinen Reisen von Wiebelskirchen nach Neudorf und zurück kam ich damals auch über Berlin. Obgleich ich mich dort nicht länger aufhalten konnte, sondern als Durchreisender nur die Züge und Bahnhöfe wechselte, übte die Hauptstadt des 'Reiches' und des 'Freistaates Preußen', die seinerzeit 2,6 Millionen Einwohner zählte, einen faszinierenden Eindruck auf mich aus... Ein junger Mann aus dem roten Wiebelskirchen mußte die rote Riesenstadt unbedingt sympathisch finden.

...

Dachdecker Ludwig Weidenhof, mein Onkel, stand politisch auf unserer Seite. So hatte ich keine Schwierigkeiten, an Fahrten und anderen Aktionen teilzunehmen. Auch mein Lehrherr, Dachdeckermeister Müller, war in dieser Hinsicht nicht kleinlich. Trotz der politischen Aktivitäten habe ich in meinem Beruf gut gelernt. Ich hatte ihn liebgewonnen, weil mit ihm eine gewisse Freizügigkeit verbunden war. Man kam herum, sah die Welt von oben, konnte immer hoch hinaus und spürte den Reiz der nicht ungefährlichen Tätigkeit, die stets Aufmerksamkeit, Umsicht, Genauigkeit und Geschicklichkeit verlangte. Später, während der Zuchthaushaft in Brandenburg-Görden, sollten mir die beruflichen Fertigkeiten auf besondere Weise zustatten kommen.

Als Dachdecker wurde ich natürlich Mitglied der Gewerkschaft, des Holzarbeiterverbandes. Doch meine hauptsächliche politische Aktivität galt dem KJVD. Höhepunkte der Arbeit im Jugendverband waren die von ihm alljährlich veranstalteten Reichsjugendtreffen... Wir mußten die Reisekosten Centime für Centime oder Pfennig für Pfennig zusammensparen... Für mich bedeutete es, das mir von meinen Eltern geschenkte Fahrrad zu verkaufen, um in Leipzig dabeizusein. Das tat ich mit einem lachenden und einem weinenden Auge. Aber es hat sich gelohnt. Rund 100.000 kamen zu der großen Kundgebung des Jugendtreffens, auf der Ernst Thälmann sprach. Erstmalig erlebte ich aus nächster Nähe die Ausstrahlungskraft dieser damals schon beinahe legendären Arbeiterpersönlichkeit.

...

So trug ich in Moskau den Decknamen Fritz Molter. Dieser Name steht auch in dem Fragebogen, den ich an der Partei-Schule in Moskau ausfüllte und von dem ich nun ebenfalls eine Kopie besitze. Der Name Erich Honecker taucht dort überhaupt nicht auf, während alle anderen Angaben zur Person (Geburtsdatum, Geburtsort, soziale Herkunft, berufliche und politische Entwicklung, ausgeübte Funktionen und so weiter) korrekt die meinigen sind.

Auf die in mehreren Sprachen gestellte Frage: 'Hast Du Dich aktiv am Bürgerkrieg, an Streiks usw. beteiligt, wann, wo und worin äußerte sich Deine Beteiligung?', habe ich im Fragebogen wahrheitsgemäß geantwortet: 'Streiks - illegale Flugblattverteilung vor Neunkirchener Eisenwerk im Februar 1930'. Das war am sogenannten Stummen Denkmal, dem Denkmal für den Eisen- und Stahlmagnaten 'König Stumm', das noch heute vor dem Eingang zum Eisenwerk von Neunkirchen steht. Neben diesem Denkmal habe ich oft gestanden und Flugblätter verteilt. Auch meinen mehrwöchigen Arbeitseinsatz im Sommer 1931 beim Aufbau des Metallurgischen Kombinats 'W.I.Lenin' in Magnitogorsk betrachte ich als ein Stück Klassenkampf gegen die Rüstungsprofiteure vom Schlage Stumm.

Wir waren eine Gruppe von 28 deutschen Jungkommunisten, die als internationale Stoßbrigade in den Südural fuhren, um den Aufbau dieses Schwerpunktobjektes des ersten Fünfjahrplanes beschleunigen zu helfen. Die Arbeitsbedingungen waren unvorstellbar schwierig. Dort, wo heute hochgeschossige, komfortable Wohnhäuser und viele zweckmäßige Gesellschaftsbauten eine moderne sozialistische Stadt mit 340.000 Einwohnern bilden, standen Zelte und Lehmhütten in freier, unwirtlicher Steppe. Die Verpflegung war von wechselnder Qualität. Viele Bauarbeiter, meist gerade angeworbene Bauern, trugen noch - daran erinnere ich mich genau - selbstgeflochtene Bastschuhe. Nachts, wenn der Arbeitslärm abebbte, klangen Lieder durch die Steppe, russische Volkslieder und Lieder der Revolution.

Dort, wo bis 1929 nichts als ein weitgehend unberührter Berg aus Eisenerz gestanden hatte, floß im Januar 1932

das erste Roheisen. Im Juli 1933 floß dann auch der erste Stahl. Während des zweiten Weltkrieges war Magnitogorsk bereits das Rückgrat der sowjetischen Landesverteidigung.
...

Wenn mich mein Gedächtnis nicht täuscht, war es im Juni 1933, als wir einige Sehenswürdigkeiten von Paris besuchten, unter anderem die berühmte Mauer der Föderierten, an der 1871 die Himmelsstürmer von Paris, die Pariser Kommunarden, erschossen worden waren, sowie den Wald von Compiegne, wo 1918 in einem Eisenbahnwagen der Waffenstillstand 'vereinbart' worden war. Gut sieben Jahre später, am 22. Juni 1940, sollten die Hitlerfaschisten an gleicher Stelle Revanche üben und diesmal Frankreich erniedrigende Waffenstillstandsbedingungen diktieren.

Die beiden Kongresse in Paris waren insofern bedeutsam, als sie zur Mobilisierung der internationalen Öffentlichkeit gegen die vom Hitlerfaschismus ausgehenden Kriegsgefahren beitrugen. In der Leitung der Kongresse wirkten so namhafte Männer wie Henri Barbusse, André Gide und Romain Rolland mit. Auf dem Kongreß im Juni sprach ich als Vertreter der deutschen Jugend und erinnerte an Ernst Thälmanns Warnung: 'Wer Hitler wählt, wählt den Krieg!' Sechs Jahre später war dieser Krieg dann schlimme Realität. 1933 indes halfen die Kongresse, die internationale Solidarität mit den Opfern des Faschismus zu wecken. So war auf dem September-Kongreß in der ersten Reihe ein Platz frei gehalten und mit Blumen geschmückt worden - zu Ehren des am 1. August 1933 mit dem Handbeil hingerichteten zwanzigjährigen Hamburger Jungarbeiters und KJVD-Mitgliedes Bruno Tesch, eines der ersten jungen Opfer der Naziblutjustiz.

Im Sommer 1933 hatte ich neben der Jugendarbeit im Saargebiet die Aufgabe, die illegalen Verbindungen zu den

KJVD-Bezirken Mannheim und Frankfurt am Main auszubauen und dort an der Vorbereitung einer für Anfang August 1933 in Amsterdam geplanten erweiterten Tagung des Zentralkomitees des KJVD mitzuwirken. In Mannheim lernte ich Heinz Hoffmann kennen, Maschinenschlosser und aktiver Jungkommunist, der später am Befreiungskampf des spanischen Volkes teilnahm und heute Mitglied des Politbüros des Zentralkomitees der SED, Armeegeneral und Minister für Nationale Verteidigung der DDR ist. Dort war damals auch 'Kutschi' tätig, Kurt Müller - nach dem Krieg in der westdeutschen KPD aktiv, heute Mitglied der SPD. 1933 sollte er sich in Südwestdeutschland bewähren, weil er im Ringen um antifaschistische Einheitsfront 'gegen die Linie' gewesen war. Auch Wilhelm Florin lernte ich kennen. Er hatte zeitweilig die These von der 'abgewirtschafteten SPD' vertreten, die dem Ringen um Aktionseinheit nicht förderlich war.

Die Umstände der erweiterten Tagung des Zentralkomitees des KJVD Anfang August 1933 in Amsterdam hat Fritz Große, den ich - wie schon erwähnt - seit der Tagung vom November 1932 in Prieros persönlich kannte, später plastisch beschrieben. Tatsächlich fand die Tagung auf einem größeren Motorboot statt, mit dem wir, um vor Lauschern sicher zu sein, wie eine Reisegesellschaft durch die Amsterdamer Grachten hinaus in den Nordseekanal fuhren. Unter anderem wurden auch Fragen der Zusammenarbeit mit der katholischen Jugend erörtert, wozu ich manche Erfahrung vermitteln konnte."

☐

In der „Westdeutschen Allgemeinen Zeitung" erschienen am 5. September 1987 - die Zeitung hob hervor, dass diese Publikation dem bevorstehenden Besuch Erich Honek-

kers in der BRD und auch in der Krupp-Villa Hügel celte -
die Erinnerungen dreier Kommunisten über die Wider-
standsarbeit Honeckers im Ruhrgebiet 1934. Er benutzte
damals den Tarnnamen Herbert Jung. Die nun schon
81jährige Elisabeth Schulz, die in der Kleingartenanlage
Sonnenscheinweg eine illegale Unterkunft sicherte: ,'Daß
Herbert Jung Erich Honecker war, haben die meisten von
uns erst 1945 erfahren'. Ich begegnete ihm damals in der
Konsumfiliale, in der ich tätig war. Die Illegalen wurden oft
von Konsumfahrern als Beifahrer mitgenommen. Einer der
Fahrer sagte eines Tages, jener dort an der Tür sei ein Il-
legaler. 'Der stand bescheiden an der Tür, ganz unauffäl-
lig.' Sie gab dem Fahrer heimlich zwei Mettwürstchen 'für
den dort an der Tür'. Wenn sie ihm heute begegnen würde? Elisabeth Schulz lacht: 'Ich würde ihm die beiden Brötchen geben, die ich damals bei den Würstchen vergessen
habe.' Ernst fügt sie hinzu: 'Ich hoffe, daß er durch seinen
Besuch dazu beitragen kann, daß die Raketen wegkom-
men, damit die Gefahr geringer wird.'... Den Vorschlag,
Erich Honecker solle das Gelände seines ehemaligen
Verstecks besuchen, nimmt sie nicht ernst: 'Es ist auch
nichts mehr da, an das er sich erinnern könnte.'"

□

„Anfang Dezember 1935 gelang es der Gestapo, Bruno
Baum, mir und anderen Genossen der Bezirksleitung des
KJVD Berlin-Brandenburg auf die Spur zu kommen. Am 3.
Dezember 1935 stand die Ankunft eines Kuriers des Zentralkomitees des KJVD aus Prag in Aussicht. Da der für
seinen Empfang verantwortliche Mitarbeiter aus irgendei-
nem Grund ausfiel, ging ich selbst zum vereinbarten Treff-
punkt in der Solinger Straße in Berlin. Der Kurier, cie
tschechoslowakische Genossin Sarah Fodorovà, übergab

mir einen Gepäckschein für einen Koffer mit Zeitungen und Tarnschriften der KPD und des KJVD. Diesen Koffer holte ich am gleichen Abend von der Gepäckaufbewahrung des Anhalter Bahnhofes ab. Als er mir ausgehändigt worden war, bemerkte ich, daß ich beobachtet und verfolgt wurde. In einem Taxi konnte ich am Berliner Bahnhof Zoo den Agenten der Gestapo entwischen. Am Vormittag des nächsten Tages wurde ich jedoch beim Verlassen meiner Wohnung in der Brüsseler Straße im Stadtbezirk Berlin-Wedding verhaftet.

Die dem 4. Dezember 1935 folgenden Tage im Hauptquartier der Gestapo in der Berliner Prinz-Albrecht-Straße sowie in der Kaserne der SS-Leibstandarte 'Adolf Hitler' in Berlin-Tempelhof haben sich während meiner fast zehnjährigen Inhaftierung so nicht wiederholt. Sie gehören wohl zu jenen, die man nicht vergißt. Zugleich waren sie für einen Menschen, der noch sein ganzes Leben vor sich hatte - ich war 23 Jahre alt -, Tage der Bewährung. Weder durch die physischen und psychischen Torturen der Gestapobeamten noch in den zahlreichen Verhören durch faschistische Untersuchungsrichter während der anderthalbjährigen Untersuchungshaft war ich von meiner kommunistischen Weltanschauung abzubringen.

Wenn ich den Bericht über die Verhandlungen des zweiten Senats des 'Volksgerichtshofes' am 7. und 8. Juni 1937 durchsehe, bin ich noch heute stolz auf unseren Kommunistischen Jugendverband, seine Funktionäre und Mitglieder. Bei der Verhaftung Anfang Dezember 1935 waren wir acht Mitglieder der Bezirksleitung des KJVD Berlin-Brandenburg, bei der Verhandlung vor dem 'Volksgerichtshof' vier, bei der Verurteilung nur noch drei: Bruno Baum, Edwin Lautenbach und ich.

Worauf war das zurückzuführen? Als ich im Sommer 1935 im Auftrag des Zentralkomitees der KPD von Frankreich über die Schweiz, Österreich und die Tschechoslowakei nach Deutschland gelangte, um die Leitung der Bezirksleitung des KJVD Berlin-Brandenburg zu übernehmen, übergaben mir Kurt Hager und Bruno Baum nach und nach ihre Verbindungen. Bruno Baum selbst sollte ins Exil gehen und von dort den antifaschistischen Kampf im Lande unterstützen.

Trotz aller gegen uns angewandten Mittel und Methoden kam die Gestapo nicht dahinter, daß sie praktisch den führenden Kern des KJVD Berlin-Brandenburg und ein Mitglied des Zentralkomitees des KJVD in der Hand hatte. Das gelang mit 'feineren' Methoden - wie aus den Untersuchungsakten und der Anklageschrift ersichtlich - auch dem Untersuchungsrichter am 'Volksgerichtshof'. Hans Joachim Rehse, nicht. Übrigens wurde dieser - wegen Beihilfe zum Mord und weiterer nazistischer Verbrechen nach dem Kriege zu fünf Jahren Zuchthaus verurteilt - von den Justizbehörden der BRD gegen eine Kaution von 200.000 Mark auf freien Fuß gesetzt! So jedenfalls wußte die Hamburger Zeitschrift 'Stern' vor Jahren zu berichten.

Gegen die Standhaftigkeit und den Mut unserer Kampfgefährten vermochten weder die Gestapo noch die Untersuchungsbeamten etwas auszurichten. So hatte Emilie Knappe, Politischer Leiter des Unterbezirks des KJVD Moers, 1933/1934 aktiv am antifaschistischen Kampf unseres Jugendverbandes im Ruhrgebiet beteiligt, mich in der Annahme, daß ich inzwischen im Ausland sei, bei einem Verhör anhand eines Fotos identifiziert. Als sie jedoch von meiner Verhaftung erfuhr und im Prozeß als Belastungszeuge gegen mich auftreten sollte, widerrief sie ihre frühere Aussage. Sie leugnete vor den Richtern des zweiten

Senats des 'Volksgerichtshofes' entschieden, mich zu kennen und mit mir im Ruhrgebiet zusammengearbeitet zu haben, und bestritt die Identität des ihr vorgelegten Paßbildes mit meiner Person.

Erwähnt zu werden verdient in diesem Zusammenhang auch unsere mutige und unvergessene Genossin Grete Walter, damals Politischer Leiter des Unterbezirks des KJVD Berlin-Tempelhof. Am 21. Oktober 1935 sollte sie im Hauptquartier der Gestapo in der Berliner Prinz-Albrecht-Straße zu einer weiteren Vernehmung geholt werden. Sie stürzte sich in einen drei Stockwerke tiefen Treppenschacht, um weiteren Torturen zu entgehen und ihre Genossen vor der Verhaftung zu bewahren.

Solche aufrechten Frauen und Mädchen zählten damals zu Tausenden zu den Mitgliedern und Funktionären der KPD und des KJVD. Ohne ihren Einsatz, ihren Mut und ihre Findigkeit wären die Breite, Vielfalt und Wirksamkeit unseres Kampfes gegen Faschismus und Krieg nicht möglich gewesen. Unzählige Proletarierfrauen setzten während der Naziherrschaft ihr selbstloses, aufopferndes und heroisches Wirken für die Sache der revolutionären Arbeiterbewegung in einer der schwersten Prüfungen fort, die ihnen die Geschichte auferlegte. Zu ihnen gehörten auch die Mädchen und jungen Frauen der von dem Jungkommunisten Herbert Baum geleiteten Widerstandsgruppe, die 1942/1943 vom Frauengefängnis Berlin, Barnimstraße, nach dem Zuchthaus Berlin-Plötzensee zur Hinrichtung gebracht wurden. In einer mutigen Aktion hatten diese vorwiegend jungen jüdischen Menschen am 18. Mai 1942 die antisowjetische Hetzausstellung 'Das Sowjetparadies' im Berliner Lustgarten in Brand gesetzt.

Doch zurück zur Verhandlung vor dem 'Volksgerichtshof'. Als ich am Morgen des ersten Prozeßtages aus dem

Untersuchungsgefängnis Berlin-Moabit in die Zelle n der Bellevuestraße gebracht wurde, sah ich für einen Augenblick Albert Weichert, meinen Kampfgenossen aus dem Ruhrgebiet vom August 1933 bis zum Juni 1934. Er war am 28. Dezember 1934 verhaftet und im März 1935 vom Oberlandgericht Hamm/Westfalen zu vier Jahren Zuchthaus verurteilt worden. Schon in der Voruntersuchung hatte mein damaliger Deckname 'Herbert' eine bestimmte Rolle gespielt. Nach der Einlieferung von Albert Weichert in das Zuchthaus Münster wurde er dort viermal von dem bereits erwähnten Untersuchungsrichter Rehse vom 'Volksgerichtshof' über meine Tätigkeit im Ruhrgebiet 1933/1934 als Instrukteur, Kurier und Schulungsleiter des KJVD sowie über meine Verbindungen nach Amsterdam verhört. Das Resultat war gleich null, denn von ihm erfuhren die faschistischen Justizbeamten nicht das geringste, nicht einmal meinen richtigen Namen.

Anfang Juni 1937 transportierte man Albert Weichert vom Zuchthaus Herford, wohin man ihn Ende 1936 aus Münster verlegt hatte, als Belastungszeugen gegen mich zum 'Volksgerichtshof' in Berlin. Im Gefängniswagen des Zuges von Minden nach Hannover traf er Richard Titze wieder. Unter dem Druck der Folterungen der Gestapo hatte dieser zugegeben, mich aus der antifaschistischen Arbeit im Ruhrgebiet zu kennen. Albert Weichert sprach mit ihm während der Fahrt, dann im Gefängnis Hannover, schließlich im Zuchthaus Berlin-Plötzensee und bewog ihn, seine frühere Aussage zurückzunehmen.

Als ich Albert Weichert im Zellentrakt des 'Volksgerichtshofes' wiedersah, ließen wir uns nicht im geringsten anmerken, daß wir uns kannten Am zweiten Verhandlungstag vor dem 'Volksgerichtshof' erklärte er, daß er mich noch nie zuvor gesehen hätte. Auch der andere Jugendgenosse bestritt meine Identität mit den ihm vorgelegten Fotos.

Nachdem die Anwälte und Richter des zweiten Senats des 'Volksgerichtshofes' mit ihren 'Belastungszeugen' nichts erreicht hatten, offenbarte der für mich bestellte Offizialverteidiger, ein SS-Führer, seine faschistische Gesinnung. Er entpuppte sich mehr und mehr als Ankläger. Eifrig suchte er in den Akten, um mir irgend etwas anzuhängen. Schließlich präsentierte er dem Vorsitzenden des zweiten Senats Flugblätter an die Soldaten der faschistischen Wehrmacht, die ich verfaßt hatte, was ich jedoch vor Gericht bestritt. Dabei kam mir zustatten, daß der Verteidiger Sarah Fodorovàs auf meine Aussage verwies, wonach sie nicht gewußt hätte, was in dem Koffer war. Er machte geltend, ich hätte bisher immer die Wahrheit gesagt, und deshalb gebe es keinen Grund, in diesem Punkte an meiner Erklärung zu zweifeln. Diese Flugblätter hätten als Wehrkraftzersetzung gewertet werden können, worauf schon damals die Todesstrafe stand.

Am 8. Juni 1937 wurde vom zweiten Senat des 'Volksgerichtshofes' das Urteil gefällt: Bruno Baum bekam 13 Jahre, ich zehn Jahre und Edwin Lautenbach zweieinhalb Jahre Zuchthaus. Außerdem wurden uns die bürgerlichen Ehrenrechte aberkannt. Letzteres führte dazu, daß ich 1939 und selbst noch 1943 bei der letzten Prüfung nicht für 'würdig' befunden wurde, in Hitlers Wehrmacht eingezogen zu werden. Offensichtlich eine Rache der Gestapo, die erst viel später ahnte, welche Fische sie im Netz hatte. Sie versprach mir dann auch ein 'gutes Wiedersehen' nach der Haftentlassung. Die wäre am 8. Dezember 1945, 15.50 Uhr, fällig gewesen, denn die anderthalb Jahre Untersuchungshaft waren auf die Gesamtstrafe angerechnet worden. Es war mein Glück, daß am 27. April 1945 die Rote

Armee kam. Doch bis dahin lagen noch lange, schwere Jahre vor mir.

In den schon erwähnten Prozeßakten hatten die faschistischen Richter höchst widerwillig meine Erklärung vor Gericht registriert, daß ich meine 'Überzeugung auch heute nicht geändert habe noch ändern wolle'. In der Urteilsbegründung hieß es: 'Die Angeklagten Baum und Honecker sind, wie Umfang und Intensität ihrer illegalen Arbeit für den KJVD und auch ihre Erklärungen in der Hauptverhandlung erweisen, überzeugte und unbelehrbare Anhänger des Kommunismus. Sie haben sich den ihnen gestellten hochverräterischen Aufgaben mit außerordentlicher Einsatzbereitschaft gewidmet. Aus der Stellung, welche sie in der illegalen Organisation einnahmen, geht die Wertschätzung hervor, deren sie sich bei den maßgeblichen Stellen erfreuten.'

Im Prinzip habe ich dieser Bewertung durch die faschistische Justiz nichts hinzuzufügen..."

☐

Hier gilt es, den von Erich Honecker geschriebenen Lebenslauf aus zwei gewichtigen Gründen zu unterbrechen.

Als die bundesdeutsche Staatsanwaltschaft die Anklageschrift gegen Honecker zu Papier brachte, gehörte dazu nach den Regularien auch ein Lebenslauf. Man wird es kaum für möglich halten, aber zahlreiche Passagen sind wörtlich aus der Anklageschrift übernommen, die einst die Gestapo formuliert hatte. So zum Beispiel im Hefter V, auf den Blättern 15-20: „Er war vom Zentralkomitee (ZK) des KJVD beauftragt worden, als Instrukteur in der Leitung des KJVD tätig zu werden und Berichte über die Situation im damaligen Reich zu liefern. Diese Arbeit für den KJVD war illegal. Er wurde deswegen auch am 4. Dezember 1935 in

Berlin verhaftet, und zwar wegen des Verdachts der Vorbereitung eines hochverräterischen Unternehmens."

Die Frage, ob man aus reiner Bequemlichkeit die Gestapo-Formulierungen abschrieb oder sie etwa sogar juristisch billigte, ist nie beantwortet worden.

Das zweite Motiv für die Unterbrechung: „Biograf" Kunze hatte in sein Buch ein Kapitel mit der Überschrift: „Honeckers antifaschistische Vergangenheit auf dem Prüfstand" aufgenommen. Zitat daraus: „In dieser Situation wird zu allem Überfluß eine Geschichte aus Honeckers Vergangenheit publik. Dr. Monika Kaiser, Historikerin am Ostberliner Institut für die Geschichte der Arbeiterbewegung, war noch von der DDR-Generalstaatsanwaltschaft mit biographischen Forschungen zu Honecker beauftragt worden. Sie stellt die Umstände eines politischen Prozesses dar, bei dem sich Honecker 1937 vor dem Volksgerichtshof verantworten mußte.

Vor dem Volksgerichtshof, so M. Kaiser, hätte Honecker seinen KP-Gruppenchef Bruno Baum sowie eine tschechische Kurierin namens Sarah Fodorovà an die Nazis verraten. Dafür habe er ein mit zehn Jahren Zuchthaus vergleichsweise mildes Urteil erhalten. Außerdem sei der Dachdecker Honecker als Häftling zeitweise einem Außenkommando zugeteilt worden, habe Dienst in einem Frauengefängnis geschoben. Die beiden letztgenannten Fakten sind bewiesen, unklar bleibt, ob sich Honecker die Milde wirklich erkauft hatte. Dem steht ein Schreiben der einstigen tschechischen Kurierin gegenüber. Die mittlerweile in Israel lebende Frau bekundete 1992: 'Ich bin vom Gericht freigesprochen worden aus Mangel an Beweisen. Dies geschah dank der Aussagen und des Verhaltens von E. Honecker...'"[14)]

Kunze: „Endgültige Klarheit besteht in dieser Sache nicht, aber die kritische Analyse Monika Kaisers geht durch die Medien. Der 'Stern' titelt: 'Die Lebenslüge des Erich Honecker'. Die ostdeutsche Illustrierte 'Super-Illu' will wissen: 'Er biederte sich bei Hitler an - da durfte er ins Frauengefängnis.'"[15) Der schlitzohrige Autor war mit dem Auftrag, Honecker mit dieser Version in politischen Mißkredit zu bringen, sichtlich überfordert. Die Formulierung „Endgültige Klarheit besteht in dieser Sache nicht" ist eine der vielen unwahren Behauptungen, die Verdacht streuen sollen. Den allerdings räumt der Brief Sarah Fodorovàs aus. Und den unterschlägt der im Fach „Neueste Geschichte" promovierte Kunze bis auf den ersten Satz!

Wir drucken diesen Brief im vollen Wortlaut: „An die Redaktion der Zeitschrift 'Super', Berlin, BRD.

Ich habe heute zufällig einen Aufsatz in 'Super' vom 9.9.1991 gelesen, in dem von mir die Rede ist und ich möchte einiges richtigstellen.

Mein Name ist Sarah Wiener (früher Fodorovà). Ich bin die Kurierin aus Prag, von der im Artikel die Rede ist. Ich wurde im Dezember 1935 in Berlin verhaftet und wurde vor das Nazi-Volksgericht gestellt, zusammen mit Bruno Baum, Erich Honecker und anderen. Ich bin vom Gericht freigesprochen worden aus Mangel an Beweisen. Dies geschah dank der Aussagen und des Verhaltens von Honekker, der, was mich betrifft, mich nicht belastet noch verraten hat, im Gegenteil: er hat meine Aussagen bestätigt. Herrn Honecker habe ich im Leben viermal gesehen. davon zweimal auf der Straße, einmal im Kaffeehaus, das vierte Mal während des Prozesses. Außer im Gerichtssaal waren unsere Begegnungen sehr kurz. Nach der Freisprechung kehrte ich in die Tschechoslowakei zurück, dann lebte ich in den USA, wieder in der Tschechoslowakei, und seit ungefähr 24 Jahren lebe ich in Israel - also keine Schutzhaft nach dem Gericht, kein KZ, kein Tod durch Gas, wie Sie schreiben.

Ich ersuche Sie nachdrücklich diesen meinen Brief zu veröffentlichen. Sarah Fodorovà-Wiener"

„Super" tat es damals nicht, und Kunze tut es heute nicht. Wie empört die von Honecker angeblich Verratene war, verrät der Auszug eines ADN-Korrespondentenberichts aus Tel Aviv, vom 31.3.1992: „Sarah Wiener versteht die Welt nicht mehr. Sie sei vergast worden in Auschwitz, las die 80jährige Jüdin in einer deutschen Zeitung, der Gestapo 1937 ausgeliefert von Erich Honecker... 'Unsinn', sagt sie in ihrer Wohnung in Tel Aviv, 'ich verdanke Honecker mein Leben... Auch wenn sie manches nicht richtig beurteilen könne, was nach der Vereinigung in Deutschland geschieht, ist es für Sarah Wiener doch 'unfaßbar', daß man 'einen alten Mann, der zehn Jahre im Kerker gesessen hat, noch einmal an gleicher Stelle einsperrt.' In fast akzentfreiem Deutsch fügt sie leise hinzu: 'Das macht mir Angst. Ich will nie wieder vor einem deutschen Gericht stehen, nicht einmal als Zeugin der Zeit.'"[16]

Kunze hätte sich - um der Klarheit willen, an der Historiker interessiert sein sollten - auch den Brief des dänischen Brandenburg-Häftlings Villy Mork Jensen vom 10.9.1992 beschaffen und darin lesen können: „Man hat offenbar vergessen, das Du Staatsoberhaupt eines souveränen Staates warst, und noch schlimmer, welche Arbeit Du gegen Nazi-Deutschland leistetest. In Brandenburg habe ich Dir als einen guten Kameraden kennen gelernt. Ohne Dich und deine deutschen Kameraden hätten wir dänischen Häftlingen nie das Zuchthausleben durchgestanden."[17]

Oder den Brief des Häftlings Robert Menzel, der zu zwölf Jahren Zuchthaus verurteilt, 1938 nach Brandenburg-Gör-

den verlegt und dort in der Wäschekammer arbeiten mußte: „Dort lernte ich Erich Honecker kennen. Nachdem ich
von anderen Gefangenen erfahren hatte, wer er war und
welche illegale Arbeit er geleistet hatte, bemühte ich mich,
ihn über den Hilfswachtmeister Lindner aus der Einzelhaft
herauszubekommen und als Kalfaktor einsetzen zu lassen... Erich Honecker half, Kameraden, die auf Grund der
schlechten Ernährung an Hunger-Ödemen erkrankten, zu-
sätzlich mit Brot zu versorgen. Das war möglich, weil ich
durch meine Tätigkeit in der Wäscherei, die neben der
Bäckerei lag, Brot organisieren konnte, das ich ihm beim
Wäsche-Umtausch zusteckte. Als er später zur Außenar-
beit als Dachdecker eingesetzt wurde, kam er über die Dächer auch zum Dach der Wäscherei, das 8 m hoch war,
und ich warf ihm das Brot hinauf. Für uns beide war das
nicht ungefährlich, denn die Wachtmeister hätten diese
Manipulation beobachten können. Ich riet ihm, einen Strick
mitzubringen. Dann nahm ich einen Arbeitskittel und stek-
kte in jeden Ärmel ein Brot. Er zog es hinauf. So konnte er
wieder einem Kameraden helfen."[18]

Was Kunze dagegen einfiel, war Honecker mit einem
aus dem Zusammenhang gerissenen Satz zu zitieren:
„Diese Verleumdungen... werden seit Herbst 1989 von den
rechten Kräften mit der ungeheuerlichen Gleichsetzung
von Faschismus und Sozialismus und der Behauptung
begleitet, die DDR sei kein antifaschistischer Staat gewesen! Da bleibt zu fragen: Was war denn der Staat Glob-
kes?"[19]

Aber auch das tat er wohl nur, um den hämischen Satz
folgen zu lassen: „Doch gegen die Macht der Presse kann
Honecker im neuen Deutschland nichts ausrichten. Er muß
akzeptieren, daß sein Ruf als antifaschistischer Widerstandskämpfer... einen Kratzer abbekommt."[20]

Da er inzwischen verstarb, kann er sich auch nicht mehr gegen die Kunzes verteidigen, die derlei erfundene „Kratzer" hemmungslos in „neuen" Büchern verbreiten.

☐

Weiter im Honecker-Lebenslauf: „Riesig freute ich mich, wenn mich meine Schwester Gertrud und ihr Mann, Hans Hoppstädter, in Brandenburg-Görden besuchen durften. Allerdings genehmigte das die Zuchthausdirektion höchst selten, wenn ich mich recht erinnere, nur zwei- oder dreimal und stets nur für eine halbe Stunde. Wir unterhielten uns über vieles, was uns bewegte, und ließen uns auch vom anwesenden Zuchthausbeamten nicht stören. Außer diesen wenigen Besuchen, die mit Beginn des zweiten Weltkrieges gänzlich untersagt wurden, konnten wir uns nur einige Briefe schreiben, die aber alle verlorengingen. Trotzdem war es ein gutes Gefühl für mich, meine Eltern und Geschwister gesund und ungebrochen zu wissen. Während der Einzelhaft wie auch in den folgenden Zuchthausjahren las ich viel, um mein Allgemeinwissen zu erweitern, vor allem Werke von Johann Wolfgang Goethe, Friedrich Schiller und William Shakespeare, aber auch von dem Historienschriftsteller Felix Dahn 'Ein Kampf um Rom'. Es gab wohl kaum ein Gebiet, das mich nicht interessiert hätte, von den Naturwissenschaften bis zur Literatur. Bücher, fortschrittliche selbstverständlich ausgenommen, konnten wir in der Bibliothek des Zuchthauses ausleihen. Bruno Leuschner, damals Kalfaktor (Gehilfe) in der Bücherei, später langjähriges Mitglied des Politbüros, Stellvertreter des Vorsitzenden des Ministerrates und Vorsitzender der Staatlichen Plankommission der DDR, versorgte uns politische Gefangene mit den besten und für uns interessantesten Titeln...

...durch die Vermittlung von Robert Menzel - früher Funktionär des KJVD, nach der Befreiung 1945 in leitenden Funktionen der Freien Deutschen Jugend und dann stellvertretender Verkehrsminister - wurde ich zur Verteilung der Arbeit an die Häftlinge außerhalb der Zelle hinzugezogen... Der Parteiorganisation gelang es nach und nach, die Kalfaktorstellen durchweg mit politischen Gefangenen zu besetzen.

...

Am 12. Oktober 1942 schrieb die Leitung des Zuchthauses, daß ich mich 'bisher gut geführt und ordentlich gearbeitet' hätte, woraus der Schluß gezogen werden könne, ich sei im Laufe meiner 'Strafzeit zur Einsicht gekommen'.

Das Hauptquartier der Gestapo in Berlin gelangte allerdings zu einer grundsätzlich anderen Einschätzung. In einem Schreiben an den Oberreichsanwalt vom 13. November 1942 hieß es: 'Wie aus der politischen Vergangenheit des Honecker und seiner intensiven Arbeit für die illegale KPD hervorgeht, handelt es sich bei ihm um einen überzeugten kommunistischen Funktionär. Er hat sogar während der Untersuchungshaft seine staatszersetzende Tätigkeit fortzusetzen versucht. Das Gericht hat ihn ebenfalls als unbelehrbaren Anhänger des Kommunismus bezeichnet. Von seiner inneren Wandlung bin ich daher nicht überzeugt. Angesichts der Kriegslage besteht auch die Gefahr, daß er erneut in die illegale KPD hineingezogen wird, zumal eine ausreichende Überwachung nicht gewährleistet ist... Ich bin deshalb nicht in der Lage, eine vorzeitige Haftentlassung zu befürworten.'

Im März 1943 wurde ich als gelernter Dachdecker der Baukolonne des Zuchthauses zugeteilt, um die Dacharbeiten an einer Halle der Arado-Flugzeugwerke zu leiten. In Brandenburg-Görden waren nur zwei Dachdecker nhaftiert. So wurde ich eher, als ich gedacht hatte, Meister. Als solcher hatte ich große Bewegungsfreiheit, denn auf die Dächer konnte mir kein Aufseher nachturnen, sei es auf den Brennabor-Werken, den Arado-Flugzeugwerken oder dem Stahl- und Walzwerk Brandenburg.

Im Herbst 1943 waren die Bauarbeiten an der Arado-Halle größtenteils abgeschlossen. Deshalb wurde ich mit anderen Häftlingen aus der Baukolonne im Plauer Hof, einem zum Zuchthaus gehörenden landwirtschaftlichen Gut am Plauer See, gegenüber Kirchmöser, eingesetzt und in der dortigen alten Mühle stationiert. Wiederum hatte ich Dacharbeiten auszuführen. Im Plauer Hof befanden sich sowjetische Kriegsgefangene, die meisten von ihnen fast verhungert. Um sie vor dem Untergang zu bewahren, steckten wir ihnen hin und wieder ein Stück Brot zu. Aus Kartoffelmieten, die auf dem Gelände dieses Außenlagers angelegt worden waren, entwendeten wir heimlich Kartoffeln. Das mußte unter den Augen der Wachposten geschehen. Für die Dacharbeiten hatten wir einen Teerofen. Darauf kochte ich die Kartoffeln und ließ sie den sowjetischen Genossen bringen.
...

Die Tage der faschistischen Schreckensherrschaft waren gezählt, und die Stunde unserer Befreiung rückte immer näher... Die Wachtmeister wurden zusehends nervöser,... wollten sich 'rückversichern'. Dem halfen wir nach. Wir sagten den Aufsehern unmißverständlich: 'Geschieht uns nichts, dann wird auch euch nichts passieren.' Zugleich tat die Parteiorganisation alles, was unter diesen Bedingungen möglich war, um die Verteidigung und Befreiung der politischen Häftlinge vorzubereiten. So gelang es ihr, einen Gefangenenausschuß zu bilden und Obleute für die einzelnen Häuser und Zellenflügel einzusetzen. Von der Anstaltsleitung wurde dies zwar nicht genehmigt, aber geculdet. Sie nahm auch hin, daß in den letzten Apriltagen die Türen zu den Zellen der politischen Gefangenen nicht mehr verschlossen wurden. Dennoch: Wir hatten die Unberechenbarkeit der Faschisten oft genug am eigenen Leib verspürt. Äußerste Vorsicht blieb also geboten. Das um so mehr, als wir plötzlich wieder eingeschlossen wurden ..

Endlich brach für meine Genossen und mich der lang ersehnte Tag der Befreiung an. Am Morgen des 27. April 1945 öffnete Alfred Perl meine Zellentür. Die Parteileitung begann mit der Befreiung der politischen Gefangenen, nachdem die Anstaltsleitung und mit ihr eine große Zahl der Aufseher in Richtung Westen geflüchtet war. Dort übrigens sollte Thuemmler (damals Direktor der Haftanstalt Brandenburg. A.d.A.) wenige Jahre später Direktor der Strafanstalt Celle werden, was auf die 'Bewältigung' der faschistischen Vergangenheit im Westen Deutschlands ein bezeichnendes Licht wirft.

Ich begab mich an das Haupttor. Die Bewachungsmannschaften waren bereits entwaffnet. Kurze Zeit später erreichte der erste sowjetische Panzer das Zuchthaustor. Unvergessen wird mir immer die Begeisterung bleiben, mit der wir die Sowjetsoldaten in die Arme schlossen. Wohl keiner - auch ich nicht - schämte sich der Freudentränen, als wir die Rotarmisten begrüßten... Ich brannte darauf, so bald wie möglich nach Berlin zu gelangen... So meldete ich mich bei dem sowjetischen Offizier ab, der für die Sicherheit der befreiten politischen Gefangenen verantwortlich war, und machte mich am 28. April 1945 mit Alfred Perl auf den Weg. Zuvor nahm ich meine persönlichen Sachen in Empfang und verabschiedete mich von Wilhelm Thiele. 'Als wir uns trennten', erinnerte er sich später, 'hatten wir gerade unsere Kleidersäcke aus der Effektenkammer geholt. Dabei fiel mir ein, daß ich ja ohne Mantel ins Zuchthaus eingeliefert worden war. Als Erich das hörte, holte er aus seinem Kleidersack einen schönen, fast neuen Covercoat und - hilfsbereit, wie er immer war - schenkte ihn mir. Leider mußten wir gleich darauf wegen drohenden Beschusses durch die Faschisten das Gebäude räumen, und mein Kleidersack mit dem schönen Covercoat kam mir bei dem Durcheinander abhanden.'

In den letzten Apriltagen 1945 nach Berlin zu gelangen, wo im Zentrum noch heftig gekämpft wurde, war nicht so einfach und schon gar nicht ungefährlich. Vor Alfred Perl und mir lag ein langer, beschwerlicher Fußmarsch, denn alle Verkehrsverbindungen waren unterbrochen. Geradenwegs ans Ziel zu gelangen war genauso unmöglich. Trieben sich doch zwischen Brandenburg und Berlin versprengte Einheiten der Wehrmacht und der Waffen-SS herum, die sich zur Elbe absetzen wollten...

...

In den Gebieten, die wir... passierten, zerschlugen Einheiten und Verbände der Roten Armee den letzten Widerstand von Gruppen der Wehrmacht und der Waffen-SS. Die Rotarmisten nahmen dabei alle männlichen Personen zwischen 14 und 70 Jahren gefangen, gleichgültig, ob sie Uniform oder Zivilkleidung trugen. Konnten sie doch keinem ansehen, ob er Feind oder Freund war, Faschist oder Kommunist, vom Wehrdienst befreit oder ein Soldat, der den Krieg satt hatte und nach Hause wollte.

Alfred Perl und ich irrten ohne Orientierung in den späten Abendstunden des 28. April 1945 in einem Waldgebiet nahe Oranienburg umher. Plötzlich hörten wir Stimmen, und ich vermutete sowjetische Soldaten. Mein Versuch glückte, eine Verständigung in russischer Sprache zu erreichen. Ich erklärte den Rotarmisten, daß wir politische Gefangene im

Zuchthaus Brandenburg-Görden gewesen und am Vortag befreit worden waren. Aber meine Bescheinigung über die 'Wehrunwürdigkeit' und die 'Ausschließung aus der Wehrmacht' - das einzige schriftliche Dokument, das ich bei mir trug - konnte sie nicht überzeugen. Kein Wunder in diesen Tagen. Immerhin versuchten viele Nazis, auf jede nur erdenkliche Art und Weise unterzutauchen. Da konnte mein Papier wirklich nicht als ausreichende Legitimation erscheinen.

Die Nacht vom 28. zum 29. April 1945 verbrachten Alfred Perl und ich in einer Feldscheune mit anderen aufgegriffenen Personen. Darunter befanden sich desertierte Soldaten der Wehrmacht, SS-Leute und Beamte des faschistischen Regimes ebenso wie nach Deutschland verschleppte Zwangsarbeiter. Am nächsten Morgen war es möglich, unsere Personalien, unser Woher und Wohin mit Hilfe einer sowjetischen Dolmetscherin aufzuklären. Das geschah vor dem Haus, in dem sich zur selben Zeit Konrad Wolf - Sohn des bekannten deutschen Kommunisten, Dichters und Arztes Friedrich Wolf, damals Leutnant der Roten Armee aufhielt, jedoch wollte es der Zufall, daß wir uns erst viele Jahre später begegneten.

Am 29. April 1945 wurde ich dem Komsomolsekretär der sowjetischen Einheit als Berater zugeteilt.

An seiner Seite führte mich mein weiterer Weg bis in die Umgebung Bernaus. Von dort konnte ich am 4. Mai 1945 in das schwerzerstörte Berlin gelangen...

Als ich schließlich am 4. Mai 1945 über Pankow und Weißensee in das Stadtzentrum von Berlin kam, sah ich überall die furchtbaren Zerstörungen. Aus den wenigen unbeschädigten Häusern hingen aus Bettlaken gefertigte weiße Fahnen.

Zwei Tage später erließ die sowjetische Stadtkommandantur den Befehl, anläßlich der Unterzeichnung der bedingungs-

FDJ-Gründer (v.l.n.r.): Gerhard Heidenreich, Erich Honecker, Horst Brasch, Heinz Keßler

Erich Honecker am Grab seiner Eltern in Wiebelskirchen während seines BRD-Besuches 1987

losen Kapitulation des Hitlerregimes am 8. Mai 1945 die Flaggen der vier alliierten Mächte an Straßen und Häusern anzubringen. So geschah es am 6. und 7. Mai 1945.

Meine Bekannten in der Landsberger Straße 37 traf ich zu meiner Freude unversehrt an. Für die nächsten Wochen und Monate fand ich bei ihnen wieder eine Unterkunft. Mit Hilfe von Genossen ging ich sofort daran, Mitglieder der KPD und des KJVD im Stadtbezirk Berlin-Friedrichshain zu sammeln. Zu diesem Zweck richteten wir in einem Lokal der Landsberger Straße ein Arbeitsbüro ein, das ich leitete. Erste Kontakte mit der sowjetischen Bezirkskommandantur von Berlin-Friedrichshain führten mich um den 10. Mai 1945 zur Berliner Stadtkommandantur der Roten Armee in Berlin-Alt-Friedrichsfelde. Dort traf ich Richard Gyptner und Hans Mahle - früher Funktionär des KJVD, heute Chefredakteur der 'Wahrheit', des Zentralorgans der Sozialistischen Einheitspartei Westberlins. Beide gehörten der Gruppe der Beauftragten des Zentralkomitees der KPD an; sie brachten mich in die Prinzenallee 80, jetzt Einbecker Straße 41, zum vorläufigen Sitz des Zentralkomitees der KPD.

Dort wurde ich zu Walter Ulbricht gerufen, der im Auftrag des Sekretariats des Zentralkomitees der KPD die ersten Schritte zur Normalisierung des Lebens in der Hauptstadt, zur Errichtung antifaschistisch-demokratischer Verwaltungen und zur Vorbereitung der Partei auf die endlich wieder legale Tätigkeit in die Wege leitete. Es war unsere erste Begegnung, und mich beeindruckte die Energie, mit der er dieses gewaltige Arbeitspensum bewältigte. Nach einer Information über die Lage und die dringendsten Aufgaben beauftragte er mich, Grundlinien für die Jugendarbeit der KPD in den nächsten Wochen und Monaten auszuarbeiten. Ihm lag schon ein Entwurf vor, den Wolfgang Leonhard - damals Mitarbeiter der Gruppe der Beauftragten des

Zentralkomitees, später unserer Sache abtrünnig und wütender Verleumder der SED und der DDR - verfaßt hatte. Dieser Entwurf trug den lakonischen handschriftlichen Vermerk Walter Ulbrichts: 'Unbrauchbar.'

In diesen Tagen sah ich nach elf Jahren Otto Winzer wieder, ebenfalls Mitglied der Gruppe der Beauftragten des Zentralkomitees der KPD. Er wurde am 19. Mai 1945 zum Leiter des Volksbildungsamtes beim demokratischen Magistrat von Groß-Berlin berufen...

...

Das erste und wichtigste war, eine einige antifaschistisch-demokratische Jugendbewegung zu schaffen. Es galt, ehemalige Funktionäre und Mitglieder des KJVD ausfindig zu machen und in die Arbeit einzubeziehen."

☐

Erich Honeckers weiterer Weg wird von den zahlreichen Biografen mit Vorliebe als eine Kette von Intrigen gegenüber anderen Mitgliedern des Politbüros dargestellt. Würde man den Stil dieser Darstellungen verknappen, ließe sich der Titel wählen: „Wie er sich nach oben putschte." Henrik Eberle zum Beispiel schrieb im Jahr 2000 über 300 Seiten „Anmerkungen über Honecker", und der Verlag schwor auf dem Klappentext: „Der Historiker Henrik Eberle hat die Archivalien des persönlichen Büros von Erich Honecker und die aktuelle Forschungsliteratur ausgewertet und kommt zu teilweise überraschenden Einsichten." (Wen überraschten sie, den Autor? A.d.A.) „Also schreibt Eberle nicht nur über den Jäger, Skatspieler und Landsitzinhaber, sondern auch über die Leistungen und Erfolge, wie über die Fehler und Irrtümer Erich Honeckers."[21]

Dies dem Leser zu versprechen, schließt Demagogie nicht aus. Es ist müßig sich mit all den Behauptungen,

Halbwahrheiten, handfesten Lügen und Falschmeldungen auseinanderzusetzen. Es reicht, drei „abzuleuchten".

1. „Insbesondere Erich Apel betrachtet Honecker als Rivalen um die Gunst - und Nachfolge - Walter Ulbrichts. Honecker irrt sich wahrscheinlich (Genau weiß es der Biograf aber nicht. A.d.A) nicht, Apel zieht bereits Kompetenzen an sich, die ihm eine erstaunliche Machtfülle verleihen... Erich Apel erschießt sich, als er erfährt, dass Honecker ihn auf die gleiche Weise zu erledigen gedenkt wie Karl Schirdewan, Ernst Wollweber...“[22]

Das ist eine neue Version für den Freitod Apels, aber auf diese Weise ließ sich Honecker in dem Kreis der an seinem Tod angeblich Schuldigen unterbringen! Dass das tragische Ereignis am Vorabend einer von Moskau diktierten und von Apel energisch abgelehnten Wirtschaftsvereinbarung geschah, ignoriert der Autor. Es gilt die Losung: „Wahr ist, was in die Landschaft passt!"

2. „Das Geld aus Bonn fließt ab 1974 auf die Konten 528 (Kirchen) und 628 (Häftlinge) bei der Deutschen Handelsbank in Ostberlin. Der Clou dabei ist, dass es sich um persönliche Konten Erich Honeckers handelt, für die er weder der DDR-Regierung noch dem Politbüro gegenüber verantwortlich ist. Das Organisatorische überträgt Honecker dem Bereich Kommerzielle Koordinierung, er selbst behält sich die Bestätigung großer Auszahlungen vor."[23]

Diese Behauptung wird im Oktober 1989 in ihrer ganzen Dimension als Kartenhaus „enthüllt", als Stümper „Beweise" für Honeckers „Geldgeschäfte" liefern wollen oder sollen. Die Affäre beginnt schon abenteuerlich: Ein „NVA-Angehöriger" findet „zufällig" ein Fernschreiben. Wortlaut: „24.10.1989 - an Erich Honecker, Platz der Republik Berlin DDR: Betrifft: Ihr Nummernkonto 738654 Saldenbestätigung. Sehr geehrter Herr Honecker, bestätigen sie hiermit den Saldo Ihres Kontos vom 18.10.89 24.00 Uhr: Schweizer Franken 367.534.192,12 (dreihundertsiebenundsechzigmillionenfünfhundertvierunddreißigtausend 192 Franken und 12 Rappen). Soll der Betrag weiterhin als Tagesgeld angelegt bleiben, oder planen Sie den Transfer zu einer anderen Bank? Wir bitten um diesbezügliche Nachricht. Hochachtungsvoll S. Suessli, Verwaltungsrat, Kredit Suiss et Rhone Genf-Schweiz."[24]

Die Millionenstory flog um die Welt, gefolgt von den entsprechenden Kommentaren über Korruption und Bereicherung in der DDR, die vorgegeben hatte, angetreten zu sein, um innerhalb ihrer Grenzen das Gesetz zu stoppen, dass Reiche reicher und Arme ärmer werden lässt. Und nun die Enthüllung: Der an die Macht gekommene Dachdecker hatte 365 Millionen Schweizer Franken beiseite geschafft.

Die zuständige Inspektion der Deutschen Außenhandelsbank (DABA) ging der Sache nach, weil auch ihr Name genannt war und dem Unternehmen Gefahr drohte, seinen guten Namen zu gefährden. Es dauerte nur Stunden, um aufzudecken: die Bank, die die ominöse Depesche auf den Weg gebracht hatte, existierte nirgendwo in der Welt. Die Telex-Nummer des Absenders offenbarte, dass es sich um einen Telex-Anschluss in der BRD handelte. Zitat aus dem Abschlussbericht der Bankinspektoren: „Mit der genannten Telex-Nummer konnte zwar, mit Vorwahl BRD, eine Verbindung hergestellt werden, jedoch gab sich der Partner nicht zu erkennen."[25]

Also: Kein Konto, kein Parkplatz für Honecker-Millionen!

3. Weltfestspiele 1973 in Berlin: „Damit das schöne Bild der DDR nicht gefährdet wird, läßt Honecker 5000 sogenannte Asoziale in Arbeitslager bringen."[26] Als „Beweis" für diese Behauptung wird folgende „Quelle" angegeben: „Die Zahl der Internierten stieg von 2283 (1972) auf 9983

(1973)... Vgl. Falco Werkentin, Politische Strafjustiz in der Ära Ulbricht, Vom bekennenden Terror zur verdeckten Repression, Berlin 1997, S. 360 und 378."

Ob sich Eberle etwa von dem US-amerikanischen Bestsellerautor John Grisham hatte inspirieren lassen? In dessen Erfolgsroman „Der Verrat" hieß es über die Vorkehrungen in der US-amerikanischen Olympiastadt Atlanta: „Sie nehmen sich eine bestimmte Gegend der Stadt vor, sammeln die Obdachlosen ein und karren sie irgendwo anders hin. Das haben sie vor den Olympischen Spielen in Atlanta gemacht - All diese Armen sollten nicht unter den Augen der ganzen Welt betteln und auf Parkbänken schlafen. Also haben sie die Einsatzkommandos losgeschickt und das Problem beseitigt. Und dann hat die Stadt damit geprahlt, wie hübsch alles aussah."[27]

☐

Weiter im Text des Lebenslaufs Erich Honeckers: „Am 1. August 1975 setzte ich im Namen des Volkes der DDR meine Unterschrift unter die Schlußakte von Helsinki. Das Protokoll wollte es, daß ich zwischen dem Bundeskanzler der BRD, Helmut Schmidt, und dem Präsidenten der USA, Gerald Ford, saß. So hatte ich das Dokument als zweiter zu unterzeichnen. Jugoslawiens Präsident Josip Broz Tito unterschrieb als letzter. Kaum hatte er es getan, brandete lang anhaltender Beifall auf. Keiner der Anwesenden konnte sich der Größe des historischen Aktes entziehen. Die Repräsentanten von 35 Staaten hatten ein Dokument unterzeichnet, das in mehr als drei Jahren langwieriger, harter und komplizierter Verhandlungen vorbereitet worden war.

In diesem feierlichen Augenblick waren sich die Vertreter aller Staaten Europas sowie der USA und Kanadas einig, daß den Ergebnissen der Konferenz über Sicherheit und Zusammenarbeit in Europa außerordentliche Bedeutung für die weitere Konsolidierung des Friedens und der Sicherheit nicht nur auf unserem Kontinent zukam. Damit wurde Wirklichkeit, wofür die sozialistischen Länder, insbesondere die Sowjetunion, unermüdlich und beharrlich gewirkt hatten.

Mir gingen die unablässigen Bemühungen durch den Sinn, die von der Sowjetmacht schon früh für ein friedliches Nebeneinander von Sozialismus und Kapitalismus unternommen worden waren...

...

Meinem Terminkalender auf der Konferenz von Helsinki entnehme ich die Namen der Politiker, mit denen ich dort zu Gesprächen zusammenkam: Trygve Bratteli, Ministerpräsident des Königreichs Norwegen, Valéry Giscard d'Estaing, Präsident der Französischen Republik, Helmut Schmidt, Bundeskanzler der Bundesrepublik Deutschland, Gerald Ford, Präsident der USA, Urho Kekkonen, Präsident der Republik Finnland, Leo Tindemans, Ministerpräsident des Königreichs Belgien, Olof Palme, Ministerpräsident des Königreichs Schweden, Monsignore Agostino Casaroli, Sekretär des Rates für öffentliche Angelegenheiten des Vatikans, Francisco da Costa e Gomes, Präsident der Republik Portugal, Pierre Graber, Bundespräsident, Vorsteher des Eidgenössischen Politischen Departements der Schweizerischen Eidgenossenschaft, Aldo Moro, Ministerpräsident der Republik Italien, Anker Jörgensen, Ministerpräsident des Königreichs Dänemark, Pierre Trudeau, Ministerpräsident Kanadas - mit ihm vereinbarte ich die Aufnahme diplomatischer Beziehungen zwischen der DDR und Kanada - und Erzbischof Makarios, Präsident der Republik Zypern.

In den Begegnungen mit diesen Repräsentanten von Staaten West-, Nord- und Südeuropas, der USA und Kanadas führten wir in der Regel recht eingehende, gründliche, sehr sachliche und substantiell nützliche Unterhaltungen. Es waren meist meine ersten persönlichen Kontakte. Dieses Kennenlernen lag ohne Zweifel im beiderseitigen Interesse, förderte das Vertrauen und besseres Verstehen.

...

Gut erinnere ich mich der Unterredung mit dem damaligen Präsidenten der USA, Gerald Ford. Die Sitzordnung auf der Konferenz erlaubte es - insbesondere während eines Essens, das der Präsident Finnlands, Urho Kekkonen, für die Staats- und Regierungschefs gab -, einen ausführlichen Gedankenaustausch zu führen. Er umfaßte Themen von der bilateralen Zusammenarbeit bis zum gemeinsamen Weltraumflug USA/UdSSR. Ich beglückwünschte Präsident Ford zu den Ergebnissen des Apollo-Sojus-Unternehmens. Er revanchierte sich mit Glückwünschen zu den Erfolgen der DDR-Schwimmer bei den damaligen Weltmeisterschaften."

(Erich Honecker erwähnte nicht, dass Ford sich bei ihm auch eingehend nach den Jahren in faschistischen Zuchthäusern erkundigt hatte und ihm seine Hochachtung für seine unbeugsame Haltung bekundete.)

„Das Parlament", eine Wochenzeitschrift, die in Bonn von der Bundeszentrale für politische Bildung herausgegeben wird, widmete dem offiziellen Besuch Erich Honeckers in der BRD 1987 zehn Jahre später einen ausführlichen Beitrag, der folgende Passagen enthielt: „Nachdem Kohl und Honecker vormittags vor allen Mitgliedern beider Verhandlungsdelegationen in einer nicht öffentlichen Sitzung Grundsatzerklärungen abgegeben hatten, redeten sie am

Spätnachmittag in einem kleineren Kreis über zahlreiche strittige Details der deutsch-deutschen Beziehungen: über Handelshemmnisse und Kontaktsperren, über den grenznahen Verkehr und die Markierung der Elbe-Grenze, über Besuchsregeln für West-Berliner und den weiteren Ausbau der Transitstrecken, über den Luftverkehr und die Städtepartnerschaften. Honecker war darauf vorbereitet, daß der Kanzler ihm dabei das Stichwort 'Schießbefehl' nicht ersparen würde, und so bestritt er zunächst einmal knapp, daß es dergleichen gäbe, um dann fortzufahren, die DDR verhalte sich an ihren Grenzen nicht anders als die Bundesrepublik. Er zog ein Papier aus der Tasche und verlas zwei Bonner Gesetzestexte aus dem Jahre 1974, in denen die 'Ausübung öffentlicher Gewalt durch Vollzugsbeamte des Bundes' geregelt und in bestimmten Fällen auch der Gebrauch von Schußwaffen erlaubt worden waren. Die DDR wünsche derartige Zwischenfälle nicht: Sie wolle nicht, 'daß Menschen umkommen. Aber man müsse die Regelungen im militärischen Sperrgebiet beachten.' Einen genaueren Vergleich der Todesfälle an den Grenzen anzustellen hielt Helmut Kohl nicht für sinnvoll...

Mißgelaunt beschrieb dagegen ein Kommentator der Bonner Tageszeitung 'Die Welt', Günter Zehm, den ersten Tag der Visite als 'medialpolitisches Fest', bereitet von den Westdeutschen, die 'aus lauter Mediengeilheit einen mausgrauen kommunistischen Machtverwalter zum Paradiesvogel hochjubeln.'"[28)]

Zitat aus der „Frankfurter Rundschau" vom 12. September 1987, als in allen Zeitungen der BRD ausführlich über den Besuch Erich Honeckers berichtet wurde: „Man hatte sich während der Woche daran gewöhnt. Erich Honecker betonte den vorbereiteten Text seiner Erwiderungsrede auf die Begrüßungsansprache des Neunkircher Oberbürgermeisters immer mal wieder an der falschen Stelle. Von Entspannung war die Rede und vom Frieden. Die Fernsehtechniker auf der Empore des überfüllten Bürgerhaus-Saales in Honeckers Geburtsstadt stellten sich auf einen gemütlichen Abend ein nach der Hetze der vergangenen Tage, stand doch nur noch ein Empfang von einstigen Klassenkameraden und Kampfgefährten der antifaschistischen Bewegung auf dem Besuchsprogramm Honeckers. Anschließend sollte es nach Dillingen zum Staatsbankett mit Ministerpräsident Oskar Lafontaine gehen.

Doch dann, so gegen 18.35 Uhr am Donnerstag, senkte Erich Honecker seinen Sprechzettel, richtete den Kopf mit dem feingesponnenen Haarkranz kerzengerade auf und schaute mitten in die Gesichter der 450 geladenen Gäste. Er hob die Stimme und sagte, daß die Grenze zwischen den beiden deutschen Staaten nicht so ist, 'wie sie sein sollte'. Und er fügte hinzu, daß 'der Tag kommen' werde, 'an dem uns Grenzen nicht mehr trennen, sondern vereinen.' Ein bißchen holprig klang das zwar alles, aber die Botschaft kam an. Zögernd, dann lautstark der Beifall, derweil die Kameratechniker hektisch die Videobänder zurücklaufen ließen und die Korrespondenten die Köpfe zusammensteckten, um ihre Notizen zu vergleichen.

Erich Honecker war eine faustdicke Überraschung gelungen. War es nun ein Ausrutscher im Überschwang der heimatlichen Gefühle an der Saar oder kühles Kalkül, um Oskar Lafontaine, den stellvertretenden SPD-Vorsitzenden auf- und die Bonner Regenten abzuwerten? Die Verblüffung über die Honecker-Sätze ging bei den in Kompaniestärke angerückten Journalisten des 'Neuen Deutschland' und der Nachrichten-Agentur ADN so weit, daß sie fast eine Stunde verschwunden blieben. Und auch danach, zurückgekehrt ins Pressezentrum am Saarbrücker Ludwigsplatz, sahen sie sich außerstande, die spektakulären Bemerkungen ihres Staats- und Parteichefs zu interpretieren. Da halfen auch, wie Mitarbeiter der Staatskanzlei beobachteten, ihre verzweifelten Anrufe in Ost-Berlin nichts, da die dortigen Chefs sich hartnäckig weigerten, zur Exegese der Honecker-Sätze zu schreiten, die in Neunkirchen ausgesprochen waren.

'Dem Erich rutscht nichts raus', sagte dann einer, als zu später Stunde Journalisten aus Ost und West in der Krypta der Ludwigskirche auf Einladung des Pfarrers bei Bier und Wellfleisch zusammensaßen."[29]

...

(Über die Begegnungen und Einladungen Erich Honekkers in den Jahren 1984-1989 informiert der Anhang.)

HONECKERS TAGEBUCH AB JUNI 1989

Im Nachlass Erich Honeckers fand sich eine fast lückenlose „Zeittafel", in der er - mit vielen handschriftlichen Ergänzungen - das Geschehen seit Juni 1989 minutiös auflistete. Er verzichtete auf Kommentare und schrieb oft von sich in der dritten Person als „E.H." Der Text wurde ergänzt durch die meist handschriftlichen Protokolle Margot Honeckers über die zahlreichen Gespräche und Verhandlungen, die an den verschiedenen Aufenthaltsorten des Ehepaars Honecker stattfanden. Außerdem wurden einige Medienzitate und Briefe eingefügt, die das Ehepaar Honecker erreichten und die zum größten Teil noch nie veröffentlicht worden waren, ebenso wie Dokumente. Die Honecker-Texte wurden nicht bearbeitet. Manche Aufzeichnungen schrieb er im Krankenbett.

Ende Juni 1989:

Besuch in der Sowjetunion. Aufenthalt in Swerdlowsk und Magnitogorsk. Treffen mit M.S. Gorbatschow, Teilnahme von E. Schewardnadse am Meinungsaustausch, Hinweis M.S. Gorbatschows auf strategisches Bündnis UdSSR-DDR. Begegnung mit Veteranen, mit denen Erich Honecker im Juni 1931 am Hochofen 2 arbeitete.

Anfang Juli 1989:

Teilnahme an der Tagung des Politisch-Beratenden Ausschusses der Teilnehmerländer des Warschauer Vertrages. Nach dem ersten Beratungstag in der Nacht Gallenkolik und Rückflug nach Berlin ins Krankenhaus.

8. Juli bis 12. August 1989:

Urlaub zur Vorbereitung auf die Operation.

15. August vormittags:

Teilnahme an der Sitzung des Politbüros. Nachmittags ins Krankenhaus. Dort bis 28. August. Die erste Narkose mußte abgebrochen werden, sie wurde zwei Tage später erneut eingeleitet und dann operiert. Entfernung der Gallenblase, eines Teils des Darms und des Blinddarms.

28. August bis 30. September 1989:
Krankgeschrieben und anschließend Genesungsurlaub.

3. Oktober 1989:
Empfang der Widerstandskämpfer im Gebäude des ZK. Beratung mit den 1. Sekretären der Bezirksleitungen.

6. Oktober 1989:
Flugplatz Berlin-Schönefeld. Empfang der Generalsekretäre und Staatsoberhäupter der sozialistischen Länder. Festveranstaltung im Palast der Republik. Fackelzug der FDJ unter den Linden.

7. Oktober 1989:
Ehrenparade der NVA. Treffen mit M.S. Gorbatschow, Gespräch unter vier Augen, Zusammenkunft mit dem Politbüro. Empfang im Palast der Republik zum 40. Jahrestag. Bis zum Abschluß des Empfangs keine Meldung über besondere Vorkommnisse.

9. Oktober 1989:
Besprechung mit E. Krenz zur Vorbereitung der Sitzung des Politbüros am 10. Oktober.

10. und 11. Oktober 1989:
Sitzungen des Politbüros.

12. Oktober 1989:
Beratung mit den 1. Sekretären der Bezirksleitungen zur Politischen Lage in der DDR.

13. Oktober 1989:

Beratung mit den Vorsitzenden der Blockparteien und dem Präsidenten der Nationalen Front.

17. Oktober 1989:

Sitzung des Politbüros, Einberufung des ZK zum 18. Oktober.

18. Oktober 1989:

Sitzung des Politbüros: Bestätigung meiner Rücktrittserklärung von allen Funktionen für das 9. Plenum. Bestätigung der Rede von E. Krenz. Nachmittags: 9. Plenum des ZK, Rücktritt E.H. mit ehrenvollem Abschied.

Das 10. Plenum erklärte in Abwesenheit von E.H. die politische Schuld für die Krise in der Gesellschaft und Partei.

11. Plenum. E.H. wurde unter Hausarrest gestellt und auf dem Plenum aus der Partei ausgeschlossen.

Nach dem 10. Plenum verfaßte E.H. eine Erklärung, um zu dokumentieren, daß er zur Partei steht. Das war ein Gebot der Parteidisziplin. E. Krenz empfahl diese zurückzuziehen, weil dies „nur Öl aufs Feuer wäre". Der Zurückziehung stimmte E.H. aus Parteidisziplin zu. Nach dem Ausschluß aus der Partei, die ohne Anhörung erfolgte, verfaßte E.H. die zweite Erklärung, mit der Forderung, sie dem ZK vorzulegen. Dies geschah weder auf der ZK-Sitzung noch auf dem Sonderparteitag, auf dem eine verschärfte Kriminalisierung der Politik und der Person E.H. ohne Prüfung von Beweisen durch Gregor Gysi erfolgte. („Verbrecherisches Wirken" usw.)

19. Oktober 1989:

Brief von Jürgen Kuczynski an Erich Honecker: „Lieber Erich. In diesen Stunden möchte ich, der innerhalb unserer Partei wohl schärfste Kritiker unserer Verhältnisse in den letzten Jahren, Dir ganz persönlich sagen, daß ich Dir nie vergessen werde, daß Du vor zwei Jahrzehnten während der so schlimmen Akademiereform mein Institut für Wirtschaftsgeschichte für die Gesellschaftswissenschaften vor der Zerstörung gerettet hast. Wenn Du je glaubst, mich in irgendeiner Kleinigkeit brauchen zu können, laß es mich wissen."

Brief des Musikwissenschaftlers Eberhard Rebling an Erich Honecker: „Wir möchten Dir von ganzem Herzen für Deine erfolgreiche Tätigkeit... danken... Wir wünschen Dir auch weiterhin gute Gesundheit und hoffen, daß Du neben der wohlverdienten Ruhe die Muße findest... Deine ganz persönlichen Erinnerungen aufzuschreiben. Für die Geschichtsschreibung kommender Generationen würde das von großem Nutzen sein."

22. Oktober 1989:

Brief des Schriftstellers Stephan Hermlin an Honecker: „Lieber Erich,... Ich gehöre nicht zu den Menschen, die angesichts einer Wende, einer Veränderung ihr Gedächtnis einbüßen. Im Gegenteil, mein gutes Gedächtnis hat mein Leben mitgelenkt und mich davor bewahrt, in die Irre zu gehen. Laß Dir sagen, daß Du einer der ganz wenigen Menschen bist, an die ich seit meiner Rückkehr nach Deutschland 1955 am liebsten denke. Das war so und das bleibt so... Du bist und bleibst für mich ein Vorbild, auch wenn die Zeiten und ihre Anforderungen an uns wechseln mögen... Du bleibst in meinem Herzen und in meinen Gedanken."

30. Oktober 1989:

Brief des Leipziger Gewandhauskapellmeisters Kurt Masur an Honecker: „Verehrter Herr Honecker! So glücklich ich bin über die 'Aufbruchstimmung' in unserem Lande, so wenig konnte ich vergessen, was Sie in der zurückliegenden Zeit bei wichtigen Entscheidungen im Bereich der Musikkultur an Verdiensten haben... Ich möchte Ihnen dafür danken und Ihnen in der sicher für Sie nicht leichten Zeit persönliches Wohlergehen wünschen."

November 1989:

In Heft 48/89 der Neuen Berliner Illustrierten schreibt Günter Gaus, erster Leiter der ständigen Vertretung der BRD in der DDR über Honecker: „Was die Umstände seines Abgangs betrifft, so ist offenkundig, daß er und sein Politbüro Fehler gemacht haben. Ich äußere mich dazu in der Öffentlichkeit nur zurückhaltend. So wie ich im übrigen auch finde, wir Westdeutschen haben jetzt nicht Ratschläge zu geben, wie es die DDR besser machen sollte. Aber es ist mir ein Wunsch und Bedürfnis, hier zu sagen: Fehler hin, Fehler her, die Erich Honecker gemacht hat - ich habe nach wie vor Respekt vor seiner Lebensleistung. Er ist für seine Überzeugung ins Zuchthaus gegangen. Es war eine Minderheit, die das getan hat. Ich habe Respekt vor dieser Minderheit... Ich hatte immer Anlaß anzunehmen, daß der Satz 'es darf von deutschem Boden nie wieder Krieg ausgehen', für Erich Honecker keine Phrase war... ich hätte gerne, daß der alte Mann... liest, was ich ihm hier Gutes nachsage.“

Dezember 1989:
Hausdurchsuchung, begründet mit Vertrauensmißbrauch. Das Haus war umstellt. Während eines Spaziergangs wurden wir ins Auto der Staatsanwälte und Kriminalisten gebeten und ins Haus gebracht. Es folgten Untersuchungen durch Ärzte (Internisten und Neurologen) auf Vernehmungs- und Haftfähigkeit.

22. Dezember 1989:
Familie Honecker wird das Einfamilienhaus in Wandlitz gekündigt.

Januar 1990:
Mitteilung, daß sehr schnell eine Krebsoperation unumgänglich sei. Nach der Operation und einem 14tägigen Krankenhausaufenthalt erfolgte die Verhaftung im Krankenhaus. Am Abend zuvor, dem 29. Januar 1990, wurde die Station im Krankenhaus besetzt. Die Beamten hielten sich die ganze Nacht im Krankenzimmer auf. Morgens erfolgte die Überführung in die Haftanstalt Rummelsburg.

27. Januar 1990:

Ärztliches Gutachten des Charité-Klinikdirektors Prof. Dr. P. Althaus: „...Aus ärztlicher Sicht ist der Patient haftunfähig. Eine erneute medizinische Begutachtung erscheint frühestens im August 1990 angezeigt."

29. Januar 1990:

Ärztliche Stellungnahme im Auftrag des Ministeriums für Innere Angelegenheiten durch den Chefarzt der medizinischen Betreuung der Strafgefangenen, OMR Janata und dem OMR Zels: „...Aus unserer Sicht ist eine psychische und physische Rehabilitation unter entsprechenden Bedingungen und ambulanter ärztlicher Betreuung für vorerst 4 Wochen erforderlich."

30. Januar 1990:

Entlassung in Rummelsburg und Unterbringung in Lobetal bei Pastor Holmer. Der Pfarrer später über seine Gespräche mit Honecker: „Man konnte sich mit ihm gut unterhalten."[30]

26. Februar 1990:

ZITAT „Der Spiegel": „Die... Justiz verfolgt den einstigen Staatschef Erich Honecker mit massiven Vorwürfen. Er soll Hochverrat begangen und auf ein eigenes Konto 75 Millionen Westmark geleitet haben, die Bonn angeblich im letzten Jahr für Häftlingsfreikäufe überwies... Ein zweites Mal in seinem Leben ist E.H. ein politischer Häftling. Nicht anders sind die Vorwürfe zu werten, die der Ost-Berliner Generalstaatsanwalt in seiner Akte gegen die einstige Nummer eins des Staates zusammengetragen hat: Hier soll einer... fertiggemacht werden."

5. März 1990:

„Auf Anordnung des Generalstaatsanwalts der DDR wurde das Grundstück Wildfang bei Groß-Schönebeck des einer Straftat verdächtigen Honecker, Erich durchsucht, um Gegenstände und Unterlagen, die als Beweismittel von Bedeutung sein können... zu beschlagnahmen oder sicherzustellen... Antrag auf richterliche Durchsuchung/Beschlagnahme gegen Honecker, Erich wegen Hochverrats" durch unleserliche Unterschrift bestätigt. Beschlagnahmt wurden von 11 bis 16.30 Uhr 50 Gegenstände. Position 07: 1 Keramikschale, Position 20: 1 rustikaler Krug mit Becher.

6. März 1990:

Fortsetzung der Durchsuchung. Beschlagnahmt wurden von 10 bis 16 Uhr 104 Gegenstände. Position 17: 1 Bastkorb, Position 36: 1 Bild „Lenin mit Bauern", Position 100: 1 Faltboot, grün, Position 104: 3 Fischnetze.

8. März 1990:

Die Durchsuchung wird fortgesetzt. Es werden von 10 bis 12.45 Uhr 12 Gegenstände beschlagnahmt.

9. März 1990:

Die Durchsuchung wird fortgesetzt. Es werden von 11 bis 16 Uhr 69 Gegenstände beschlagnahmt. Position 06: 1 Mokkamilchkännchen (Polen), Position 18: 1 Glaskanne (Fundort Küche).

12. März 1990:

Die Durchsuchung wird fortgesetzt. Es werden von 9 bis 16.15 Uhr 80 Gegenstände beschlagnahmt. Position 74: 1 Flaschenöffner, Holz, Position 67: 1 Salatlöffel. (Unterschriften unter allen Protokollen unleserlich.)

29. März 1990:

Besuch von Hans Modrow in Lobetal, danach Abfahrt nach Lindow. Die dortige Unterkunft wurde durch die Regierung Modrow vermittelt. Aufgeputschte Bürger verlangen den Auszug. Bürgerkomitee und Ortspfarrer beteiligen sich aktiv an diesem „Auszug". (Mündliche Ergänzung von Margot Honecker: „Das Heim, in dem man uns unterbringen wollte, gehörte einer anderen Blockpartei, wahrscheinlich war es ein Schulungsheim. Schon als wir hereinkamen, spürten wir Unwillen. Das Heim sollte wohl als Hotel betrieben werden und da kamen wir sehr unpassend. Im Restaurant saßen auch Gäste. Vor dem Tor waren etwa 50 Polizisten und etwa ebensoviel Demonstranten aufmarschiert. Die Demonstranten randalierten, die Polizisten taten unbeteiligt. Ich packte unsere Koffer gar nicht aus. Die Lage spitzte sich zu, und wir wurden wieder weggefahren. Die Wagen fuhren langsam, die „Demonstranten" hämmerten mit Fäusten auf das Wagendach. Hätte ich einen Fernsehreporter gesehen, wäre ich demonstrativ ausgestiegen. Wir fuhren zurück nach Lobetal und die Pfarrersfrau war empört und schwor: 'Wir lassen sie jetzt nicht mehr hier weg.'")

1. März 1990:
Erich Honecker erklärt einmal mehr, daß alle Anwürfe, er habe über geheime Konten verfügt, unwahr sind.

3. April 1990:
Wir wurden ins sowjetische Militärhospital Beelitz gebracht (zur Wiederherstellung der Gesundheit und zur Gewährleistung einer Unterkunft).

19. April 1990:
Meine Frau erleidet einen Herzinfarkt.

7. Mai 1990:
Rechtsanwalt Friedrich Wolff an DDR-Ministerpräsident Lothar de Maizière: „Wie der Öffentlichkeit bekannt ist, verfügt das Ehepaar Honecker bis zum heutigen Tag über keinen eigenen Wohnraum. Dieser Zustand ist, wie ich glaube, weder mit unserer Verfassung noch mit humanistischen Prinzipien vereinbar."

22. Mai 1990:
Die de-Maizière-Büroleiterin Sylvia Schultz antwortet: „Nach Rücksprache mit dem Ministerpräsidenten darf ich Ihnen mitteilen, daß Sie sich bezüglich Ihres Anliegens zuständigkeitshalber an den Magistrat wenden möchten."

23. Mai 1990:
Es beginnt eine Serie von Untersuchungen durch eine Ärztekommission. (Zwei Internisten, 4 Neurologen und Psychiater). Die Kommission war eingesetzt worden auf Weisung der Generalstaatsanwaltschaft vom Gesundheitsminister. Sie stellte Vernehmungsfähigkeit, aber Haftunfähigkeit fest.

14. Juli 1990:
Besuch des Innenministers Diestel. Gespräch zum Problem Wohnung und Sicherheit und sonstige Fragen.

10. August 1990:
Vernehmung auf Weisung des amtierenden Generalstaatsanwalts Seidel, Vorhaltung zum Verdacht auf Mord und vorsätzliche Körperverletzung.

August 1990:
Vernehmungen durch Generalstaatsanwalt Gaunitz in Beelitz.

Sommer 1990:
Gründung des Dortmunder Komitees zur Solidarität mit Honekker durch Heinz Junge und Werner Cieslack.

Oktober 1990:
Übernahme des Ermittlungsverfahrens durch das Landgericht Berlin.

Oktober 1990:
Die Rechtsanwälte Ziegler und Becker übernehmen das Mandat. Vogel legt sein Mandat nieder, gibt eine persönliche Erklärung dazu ab und erklärt sich bereit, als Zeuge auszusagen.

2. Oktober 1990:
DDR-Generalstaatsanwalt Günter Seidel händigt dem Generalbundesanwalt Alexander von Stahl die Anklageakte aus.

1. Dezember 1990:
Haftbefehl wird erlassen (einen Tag vor den Wahlen zum Bundestag). In Wünsdorf wurde um Überstellung E.H. gebeten. Dies wurde unter Bezugnahme auf den Truppenvertrag abgelehnt. Die Nachricht über den Haftbefehl wurde der Presse bereits vorher übergeben. Die Anwälte erfuhren davon durch die Medien. Großes Journalistenaufgebot in Beelitz über mehrere Tage. Abends Besuch der Anwälte Ziegler und Becker.

2. Dezember 1990:
Besuch der Anwälte Ziegler, Becker und Wolff, die am gleichen Tag Haftbeschwerde einlegten mit der Begründung, die Rechtsordnung sei verletzt worden.

Januar 1991:
Aktivierung der öffentlichen Kampagne zur „Überstellung" E.H. an die deutschen Behörden. Besonders hervorgetan haben sich die Justizsenatorin Limbach (SPD) und verschiedene Bonner Politiker.

Ende Februar 1991:
Ablehnung der 5. Haftbeschwerde der Anwälte durch das Kammergericht Berlin.
Akute Erkrankung und Verschlechterung des Gesamtzustandes. Seitens der SU Anfrage nach prinzipiellem Einverständnis einer Behandlung in der SU.

6. März 1991:
Das Berliner Kammergericht verwirft eine Haftbeschwerde.

13. März 1991:
Abflug in die SU.
Aktennotiz von M.H.: „Auf dem Flugplatz Sperenberg teilte uns der Stabschef der sowjetischen Streitkräfte mit: Kohl wurde darüber informiert, daß die Verschlechterung des Gesundheitszustandes Erich Honeckers eine Verlegung in ein Krankenhaus nach Moskau erforderlich macht. Es sei dieser Mitteilung ein ärztliches Gutachten beigefügt. Wenn E.H. wünsche, Asyl in der SU zu nehmen, so wird dies gewährt werden... Wir, so sagte er, werden es nicht zulassen, daß die Ehre und Würde Erich Honeckers verletzt wird. Wir haben große Hochachtung vor ihm, seiner Standhaftigkeit und der Haltung seiner Familie. Der Flug nach Moskau erfolgt in ärztlicher Begleitung. Vom Flugplatz in Moskau fuhren wir in das Militärhospital Manderyka. Erst während unseres Aufenthalts dort protestierte Bonn."

April 1991:
Die zuständige Instanz teilt mit, daß die Honeckers keine Altersrente mehr erhalten.

30. Mai 1991:
Umzug in ein Gästehaus außerhalb Moskaus unweit von Gorki.

13. August 1991:
Vor dem Hamburger Hanseatischen Oberlandesgericht wird ein Vergleich zwischen Margot und Erich Honecker und den Autoren des Buches „Der Sturz" - Andert und Herzberg - geschlossen, in dem sich die Autoren verpflichten, 100.000 DM als eine Form von Schadenersatz an die Honecker-Anwälte zur Deckung der Prozeßkosten zu zahlen und bei einer etwaigen Neuauflage des Buches „sachliche Fehler an den sie jeweils betref-

fenden Interviewteilen zu berichtigen". Damit endet ein langer Rechtsstreit, der damit begonnen hatte, daß Andert unter dem Vorwand, seine Solidarität mit E.H. zu bekunden, Gespräche mit ihm führte, sie auf Tonband aufnahm und dann daraus ein Buch machte. Er hatte die durch den Herzinfarkt in Beelitz bedingte Abwesenheit Margot Honeckers benutzt, um sich von E.H. eine „Vollmacht" unterschreiben zu lassen, die jedoch so unklar formuliert war, dass E.H. nicht ahnen konnte, dass er damit der Veröffentlichung der Gespräche zustimmte.
ZITAT „Der Spiegel" vom 26.11.1990: „Den Marktwert ihres Autors und seiner Tonbänder bezifferten Andert und Herzberg auf irgendwo zwischen einer und zwei Millionen Mark."

11. September 1991:

Brief E.H. an M.S. Gorbatschow: „Sehr geehrter Herr Präsident, aus den Medien erfahre ich, daß die Bundesrepublik Deutschland meine Auslieferung aus der UdSSR verlangt... Die mir gemachten Vorwürfe stellen daher ihrem Wesen nach eine politische Verfolgung dar. Die Beendigung des Kalten Krieges kann nicht dazu führen, daß die Handlungen der einen Seite kriminalisiert und die der anderen legalisiert werden. Unter Berücksichtigung dieser Tatsachen bitte ich Sie, mir Schutz vor strafrechtlicher Verfolgung zu gewähren. Ich bitte Sie um politisches Asyl für meine Frau und mich."

17. September 1991:

Man informiert uns, daß das Außenministerium Kontakt zur Konsularabteilung der BRD herstellen wird, damit Margot Honecker einen Paß erhält. Auch Genscher sei bei seinem Besuch in Moskau informiert worden. Die Vertreter des Außenministeriums informierten über das Pressegespräch nach dem Genscher-Besuch. Auf die Frage von TASS wurde erklärt: „Es wurde mit Genscher über Honecker gesprochen. Es gab keine Vereinbarung, auch nicht in Bezug auf eine eventuelle Weiterreise in ein 3. Land. Die Fragen werden weiter behandelt...."

23. September 1991:

Es wurde mitgeteilt, daß M.H. ihren Paß abholen kann... Die Vertreter des Außenministers informierten, sie hätten gehört, daß Honecker ein Gespräch mit dem deutschen Botschafter in Moskau wünsche. Das wurde von E.H. entschieden verneint.

25. September 1991:

Die Vertreter des Außenministeriums informierten, daß es nach dem Kinkel-Besuch viel Widersprüchliches in der Presse gäbe.

22. Oktober 1991:

BRD-Justizminister Klaus Kinkel fordert offiziell in Moskau die Auslieferung Honeckers.

30. Oktober 1991:

Gespräch auf unsere Forderung nach einem klärenden Gespräch über die angeheizte Situation. Man erklärte, die widerspruchsvolle Situation im Land bleibe bestehen. Genscher habe bei seinem Besuch „taktvoll aber bestimmt den deutschen Standpunkt vertreten". Die SU habe ihre Position wiederholt, die aber von Genscher nicht akzeptiert wurde. Der „deutsche Botschafter habe den Auftrag von Genscher, mit E.H. zu sprechen."

10. November 1991:

Den Vertretern des Außenministeriums wurde der Standpunkt der Anwälte zu einem Gesprächswunsch des deutschen Botschafters mit E.H. mitgeteilt, „der deutsche Botschafter möge sich über das Außenministerium an die Anwälte in Deutschland wenden".

10. Dezember 1991:

Um 16 Uhr Ortszeit suchte uns der Minister für Justiz Rußlands, Fjodorow, der Innenminister Dunajew und der Stellvertreter des Außenministers Kolokolow in unserem Quartier auf. Fjodorow verlas das „Protokoll" über die Ausweisung vom Territorium der RFSR. Erich Honecker legte Protest ein... Der Minister für Justiz, Fjodorow, verlangte in unbeschreiblich unhöflicher Art, daß E.H. das „Protokoll" unterzeichnen sollte. E.H. lehnte entschieden ab... Unsere Forderung nach Rechtsbeistand wies er zurück. E.H. bestand darauf, seine Anwälte zu konsultieren. Auch dies wurde abgelehnt. Der Einwand unsererseits, daß es sich bei der Ausweisung um einen juristischen Akt handele, nämlich die Auslieferung nach Deutschland, bewog Fjodorow zu der Erklärung, E.H. brauche seine Unterschrift nicht unter das Protokoll zu setzen, er könne auf einem beigefügten Blatt erklären, daß er das Protokoll zur Kenntnis genommen habe. Wir forderten nochmals eine Konsultation mit den Anwälten. Nach geltenden Gesetzen stehe E.H. ein Rechtsbeistand zu. Fjodorow erklärte: Hier gelten die Gesetze Rußlands... Die russischen Vertreter erklärten, E.H. könne bis 13. Dezember 1991 reisen. Wohin E.H. „freiwillig" reisen könne, blieb offen... Fjodorow erklärte, daß eine Ausweisung, wenn nötig, auch mit Gewalt vollzogen würde. Zum Zeitpunkt der Ausweisung gab es noch immer kein rechtliches Ersuchen der deutschen Justiz.

11. Dezember 1991:
Wie schon mehrere Male zuvor waren wir in die chilenische Botschaft vom Botschafter C. Almeyda und seiner Frau zum Mittagessen eingeladen worden. E.H. erlitt dort am Nachmittag eine Herzattacke, nach all den Aufregungen der letzten Tage. Die chilenische Botschaft informierte die chilenische Regierung. M. H.: „Ich fuhr in unser Quartier unweit Moskaus, um Medikamente für meinen Mann zu holen. Als ich zurückkehrte, hatte uns die chilenische Regierung vorläufiges Gastrecht in der Residenz des Botschafters erteilt. Ich fuhr zurück, um unsere persönlichen Sachen zu holen. Der Botschafter und ich unternahmen sofort alle notwendigen Schritte, um in ein anderes Land reisen zu können. Ich begab mich in die koreanische Botschaft mit einem Schreiben E.H. an Kim Il Sung, der ihn bereits zu ei-

nem früheren Zeitpunkt zu einem Kuraufenthalt in Korea eingeladen hatte."

13. Dezember 1991:

Der koreanische Botschafter informierte mich, daß er nach Erhalt des Briefes die Weisung erhalten habe, die Linienmaschine nach Korea zu stoppen. Er führte sofort Verhandlungen mit den Vertretern der Regierung Rußlands, die sich jedoch strikt weigerte, ein Ausreisevisum zu erteilen. Auch in den folgenden Tagen stünde ein Flugzeug bereit. Von der Annahme ausgehend, daß die Regierung der BRD humanitäre und medizinische Hilfe nicht verweigern würde, unternahm die koreanische Regierung.. in Zusammenarbeit mit dem chilenischen Botschafter Almeyda intensive Anstrengungen, die Ausreise zu erwirken. In den Verhandlungen mit Vertretern der russischen Regierung wurde wiederholt bekräftigt, daß E.H. Immunität genieße, solange er sich auf dem Territorium der Botschaft befinde. Das Gelände war inzwischen von russischen Sicherheitskräften umstellt.

14. Dezember 1991:

Nach Ablauf der Frist der Ausweisung suchten Vertreter der russischen Regierung E.H. auf und teilten ihm in Gegenwart des chilenischen Botschafters mit, daß Jelzin die Frist bis zum 16. Dezember verlängert habe. E.H. protestierte und verlangte erneut, in ein Land seiner Wahl reisen zu dürfen. Er sei legal eingereist und wolle legal ausreisen.

15. Januar 1992:

Brief der Kommunistischen Partei Syriens an E.H.: „Unsere Partei und unser Volk verfolgen mit Besorgnis die Verfolgungen und Chantage (deutsch: Erpressung. A.d.A.), der Sie ausgesetzt sind... Im Namen unserer Partei schlage ich Ihnen vor, in Syrien zu leben. Wir werden alles machen, damit Sie und Ihre Frau ein gut eingerichtetes Leben haben. Unsere Ärzte werden sich um Ihre Gesundheit kümmern. Wir warten auf Sie. Haled Bagdash, Generalsekretär."

16. Januar 1992:

Protokoll über das Gespräch mit dem stellvertretenden Justizminister Derjabin: „Dieser erklärte zum Anliegen seines Besuchs, daß er sich freue, E.H. begegnen zu können und ihm seine Hochachtung zu bezeugen. Leider sei die Lage, in der wir uns befänden, sehr schwer. Er habe den Auftrag, offen mit uns zu sprechen und gemeinsam über die Lage zu beraten. Alle Entscheidungen, E.H. betreffend, würden von der sowjetischen Seite nur im vollen Einverständnis mit E.H. getroffen werden... Zum Gesprächsgegenstand erklärte Derjabin: Die Lage der SU, auch die innere Lage, werde immer schwieriger. Der politische und ökonomische Druck der BRD wächst auf allen Gebieten. Dazu gehöre auch die Frage der Rückführung von E.H. nach Deutschland. Die BRD gehe davon aus, daß die Verlegung nach Moskau eine Verletzung der Souveränität durch die SU gewesen sei. Die Frage E.H. wird zur Belastung zwischen beiden Regierungen... Für die sowjetische Seite wäre die beste Variante, wenn E.H. sich entscheiden würde, freiwillig nach Deutschland zu gehen. Man würde sich für faire Bedingungen für seine Behandlung einsetzen. Dazu erklärte E.H.: Auf die offenen Darlegungen Derjabins gäbe er ihm ebenso offene Antworten. Er gehe gegenwärtig nicht nach Deutschland zurück. Er gäbe sich nicht dafür her, daß die DDR neuen Demütigungen ausgesetzt wird. Es gehe ihm darum, wie zu verhindern sei, daß die ehemalige militärische Führung der DDR, die ein Teil des Oberkommandos des Warschauer Paktes gewesen sei, vor Gericht gestellt werde... Margot H. stellte die Frage, welche Garantien es denn für eine faire Behandlung Honeckers gäbe. Derjabin habe sich nicht dazu geäußert. Sie betrachte die Zustimmung der SU zu einer 'freiwilligen Rückkehr' Honeckers als Auslieferung. Als Ehefrau müsse sie auch auf den Gesundheitszustand ihres Mannes verweisen. Die ärztlich angeordneten Kontrollen müßten umgehend erfolgen, weil der festgelegte

Zeitpunkt längst überschritten sei... Derjabin unterstrich nochmals, daß es keine Entscheidungen ohne unsere Zustimmung geben wird. Wahrscheinlich werde er den Botschafter der BRD informieren. Aus Zeitungsberichten entnahmen wir, daß er dies am gleichen Tag tat."

3. Februar 1992:
ZITAT „Der Spiegel" 6/1992: „Die Regierung in Bonn glaubt nicht an eine dramatische Verschlechterung des Gesundheitszustandes von Erich Honecker."

24. Februar 1992:
Einlieferung in die Moskauer Botkin-Klinik.

26. Februar 1992:
Brief von 19 Abgeordneten der russischen Duma - ausnahmslos Ärzte - an Jelzin, sie zu den Untersuchungen Honeckers zuzulassen. Das Ersuchen wurde abgelehnt. Rudolf Gun, einer der berühmtesten russischen Chirurgen, der zu dieser Gruppe gehörte, hinterher: „Es gibt die ärztliche Schweigepflicht, aber unmöglich kann man die Unehrenhaftigkeit der Ärzte verschweigen, die das Gutachten erstellten."

3. März 1992:
Der chilenische Botschafter Clodomiro Almeyda holt die Honeckers aus dem Krankenhaus wieder in die Botschaft.

6. März 1992:
Chile kündigt den Gaststatus zum Aufenthalt in der Residenz des Botschafters. In einer Regierungserklärung wird auf innenpolitische Probleme und die Belastungen der Beziehungen zu Deutschland und Rußland verwiesen. Erich Honecker: „Ich erkläre, daß ich gegenwärtig nicht bereit bin, freiwillig nach Deutschland zurückzukehren. Das Verlangen der Regierung der Bundesrepublik Deutschland, das ehemalige Staatsoberhaupt der Deut-

schen Demokratischen Republik und Unterzeichner der Schlußakte von Helsinki an die Bundesrepublik Deutschland auszuliefern, entbehrt jeder Grundlage... Ich bin nicht bereit mich... durch
die Regierung der BRD als Krimineller behandeln zu lassen... Es
ist bedauerlich, daß Politiker der BRD, die zu mir in meiner
Amtszeit als Vorsitzender des Staatsrates der DDR ein sachli-
ches, auf der Basis gegenseitiger Achtung beruhendes Verhältnis unterhielten, jetzt zulassen und sogar Einfluß darauf nehmen,
daß eine Vorverurteilung meiner Person unerhörten Ausmaßes
stattfindet, die eine faire Behandlung ausschließt... Ich bekräftige
nochmals: über die deutsche und internationale Geschichte kann
und darf nicht die deutsche Justiz richten."

9. März 1992:

Handschriftlicher Brief an den Präsidenten der Russischen Föderation, Exzellenz N. Jelzin: „Sehr geehrter Herr Präsident, ich
möchte meine bereits mehrmals geäußerte Bitte wiederholen,
mir eine Ausreisegenehmigung in ein Land meiner Wahl zu erteilen... Ich gestatte mir auch, auf die rechtlichen Aspekte meines Antrages auf Ausreise in ein drittes Land zu verweisen.
Danach steht es der Russischen Föderation frei, mich in ein
drittes Land ausreisen zu lassen. Ganz abgesehen davon, daß
es meiner Ansicht nach jeder Logik entbehrt, daß mich die Regierung Rußlands aus ihrem Territorium ausweist, mir aber
nicht die Ausreise in ein Land meiner Wahl erlaubt."

16. März 1992:

ZITAT „Der Spiegel" 12/1992: „Mit einer rüden diplomatischen
Demarche gegenüber der Regierung in Chile ist Außenminister
Hans-Dietrich Genscher... in heftige Kritik geraten... wird ihm
vorgeworfen unter dem Eindruck eines Kommentars der BILD-
Zeitung seinem Pressesprecher Hanns Heinrich Schumacher
eine Note in den in den Block diktiert, in der ultimativ die Auslieferung... Honeckers aus der chilenischen Botschaft verlangt"
wurde. „Der AAA-Chef habe sich darin auch einer Sprache be-
dient, die es der chilenischen Regierung bis auf weiteres un-

möglich mache, dem Bonner Wunsch ohne Gesichtsverlust nachzukommen."

10. April 1992:

Der nach Moskau entsandte Sonderbeauftragte der chilenischen Regierung, James Holger, bittet Erich Honecker, die Botschaftsresidenz zu verlassen, nachdem die Jelzin-Regierung mit einem Gewaltakt gedroht hat.

20. Mai 1992:

In einem Gespräch dankt E.H. für die großen Anstrengungen, die Chile, als das einzige von den beteiligten Ländern (Deutschland, Rußland, Chile) unternommen habe. Die Haltung Deutschlands gegenüber Chile zeige leider eine gefährliche großdeutsche Haltung, was er persönlich sehr bedauere.

25. Mai 1992:

ZITAT „Der Spiegel" 22/1992: Kinkel besteht weiter auf Auslieferung Honeckers. „Staatsministerin Ursula Seibert-Albring soll am Dienstag in Santiago dem chilenischen Präsidenten Patricio Aylwin deutlich machen, daß nur eine direkte 'Rücküberstellung' Honeckers durch die russischen Behörden in Frage kommt." Die Bundesregierung hatte eine Gruppe chilenischer Journalisten nach Deutschland eingeladen und durch die Justizvollzugsanstalt Bautzen führen lassen. „Die Berichte hätten eindeutig den Unrechtscharakter des SED-Regimes herausgestellt und damit Honeckers Exil in der chilenischen Botschaft in Moskau fragwürdig erscheinen lassen."

22. Juli 1992:

Die Botschaft der BRD in Moskau schickt eine Verbalnote an das Ministerium für Auswärtige Angelegenheiten der Russischen Föderation (laufende Nummer 001387): „Die Regierung der Bundesrepublik ersucht die russische Regierung... ihr zu bestätigen, daß Herr Honecker nach Deutschland zurücküberstellt wird... Nur durch eine Rücküberstellung kann die erfolgte Verletzung des Völkerrechts wiedergutgemacht werden."

27. Juli 1992:
Die chilenische Botschaft informiert, daß am 24. Juli von deutscher Seite eine offizielle Note an das Außenministerium Rußlands übergeben wurde mit der Forderung der Rückführung Honeckers nach Deutschland.

29. Juli 1992:
13 Uhr: Gespräch mit dem Sonderbotschafter Holger. Er verlas die Note, die E.H. unter Protest zur Kenntnis nahm. Holger erklärte: Wir sind überzeugt, obwohl E.H. anderer Meinung ist, daß er einen fairen Prozeß bekommen wird. Es sei das Anliegen Chiles gewesen, dies zu erreichen. In dieser Richtung hätten sie Gespräche mit den deutschen Behörden - Castrup im Außenministerium und Frau Limbach als Berliner Justizsenatorin - geführt. Es hätte auch eine Begegnung zwischen Kanzler Kohl und dem chilenischen Präsidenten Aylwin stattgefunden.
17 Uhr: Chile erklärt offiziell die Aufhebung des Gastrechts in der Residenz. „Wir übergeben sie an Rußland und wünschen, daß sich dies würdig vollzieht." Bei Ende des Gesprächs erschienen russische Beamte, Vertreter des Außenministeriums und Sicherheitskräfte. Die Russen gaben E.H. auf chilenischem Territorium zehn Minuten Zeit, um sich umzuziehen und seine Sachen zu packen. Sie bestanden darauf, daß er nur in Begleitung sein Zimmer betreten dürfe. Sonderbotschafter Holger erklärte sich bereit, mit ihm zu gehen. Er begleitete ihn auf E.H.'s Wunsch hin zum Flugplatz, wo die deutsche Maschine bereits mit laufenden Turbinen startbereit stand. Vom Flughafen in Berlin wurde er in die Haftanstalt Moabit gebracht.

25. August 1992:
Erich Honecker verbringt seinen 80. Geburtstag im Haftkrankenhaus der Justizvollzugsanstalt Moabit. Es erreichen ihn viele

Glückwünsche. Die Zahl der Besucher, die ihm gratulieren wollen, ist groß und wird von den Justizbehörden limitiert.
In Santiago de Chile ruft Margot Honecker auf einer überfüllten Pressekonferenz zur Solidarität mit ihm auf: „Ich habe mich bisher der Presse verweigert und bitte dafür um Verständnis... Ich darf hier erklären, dafür, daß Erich Honecker Gastrecht in der chilenischen Botschaft in Moskau gewährt wurde, hat mein Mann dem Präsidenten der Regierung Chiles seinen Dank ausgesprochen. Wir wissen, daß wir es auch der großen Solidarität, darunter der vieler Tausender Chilenen, die in den schweren Jahren, die Chile durchlebte, in der DDR ihre zweite Heimat gefunden hatten, zu danken haben, daß mein Mann für einige Monate den Schutz Chiles in Anspruch nehmen konnte... Heute ist der 80. Geburtstag Erich Honeckers, er muß ihn krank im Gefängnis Moabit verbringen, in jenem Gefängnis, in dem er als junger Kommunist saß, weil er zu denen gehörte, die am konsequentesten gegen den Hitlerfaschismus und die Gefahr eines Krieges kämpften... Die deutsche Justiz maßt sich nun an, einen nachweisbar politischen Prozeß zu führen... Ich wende mich von hier an die Staatsmänner, die mit Erich Honecker sachliche politische Beziehungen unterhielten, und an alle humanistisch fühlenden Menschen in der Welt, Freiheit für Erich Honecker ohne jede Einschränkung zu fordern... Wenn es 40 Jahre Frieden in Europa gab, dann Dank auch der Politik der DDR... Ich befinde mich auf Wunsch meines Mannes in Chile bei meiner Familie."

26. August 1992:
Ärztliches Gutachten von Prof. Schneider und anderen: „1. Zum jetzigen Zeitpunkt ist die Haftfähigkeit gegeben... 2. ... in Kenntnis einer metasierenden bösartigen Erkrankung ist die Frage nach der Vernehmungsfähigkeit nur eingeschränkt zu bejahen... 4. In Hinblick auf die bösartige Erkrankung... ist es, auch wenn prognostische Überlegungen in solchen Fällen außerordentlich schwierig sind, schwer vorstellbar, daß Herr Honecker eine Verhandlung über 2 Jahre durchsteht."

22. September 1992:

Brief des Gutachters Prof. Schneider an Frau Ruppert in Bad Homburg: „... muß ihnen allerdings sagen, daß ein Rechtsmediziner andere Aufgaben zu erfüllen hat, als ein behandelnder Arzt... Dies zu wissen ist wichtig im Hinblick auf die Frage nach der ärztlichen Schweigepflicht... Ich denke, daß es in Kürze zu einer Nachbegutachtung kommen wird. Ich könnte mir vorstellen, daß die Ergebnisse dann wieder rasch in die Presse gelangen. Darauf habe ich aber - wie ausgeführt - keinen Einfluß."

12. Oktober 1992:

Weiteres ärztliches Gutachten: „Eine Haftverschonung wäre aus ärztlichen Überlegungen zu begrüßen. Sie könnte... auch dazu führen, daß der Zustand der zumindest eingeschränkten Vernehmungs- und Verhandlungsfähigkeit noch länger als unter Haftbedingungen erhalten bliebe... Wenn es in erster Linie darum gehen sollte... die... Verhandlungsfähigkeit möglichst lange zu erhalten, dann kann man dem Gericht eigentlich nur empfehlen von der Möglichkeit der Haftverschonung Gebrauch zu machen..."

12. November 1992:

Beginn der Hauptverhandlung.

ZITATE: In einigem zeitlichen Abstand kommentieren „Der Spiegel" und „Neues Deutschland" den Prozeß. Im Hamburger Magazin (32, 3.8.1992, S. 22) schreibt dessen Herausgeber Rudolf Augstein: „ Er ist nun da, unser Erich Honecker. Wir haben eine Verlegenheit mehr und sehen eine Lawine aus Heuchelei auf uns zurollen. Man möchte sich wünschen, der Gerichtssaal, in dem man ihn vorzuführen beabsichtigt, wäre mit großformatigen Fotos vollgehängt, die ihn mit den Größen der früheren Bundesrepublik und mit Bischöfen der früheren DDR zeigen, denen er ein geehrter Gast war. Hier kommt ein Schauprozeß auf uns zu, kein rechtsstaatliches Verfahren. Es soll ein Regime verurteilt werden, mit dem man in voller Kenntnis seines Charakters bis zu seinem Untergang gekumpelt und gekungelt hat. Diejenigen, die ihn an die Bundesrepublik auslieferten und deren organisierender Satrap er lediglich war, sind derselben Verbrechen schuldig wie er. Zwar konnte man von den Chilenen nicht verlangen, daß sie ihn bis zu seinem Tod in ihrer Moskauer Botschaft beherbergen. Nicht unerwähnt sollte aber bleiben, daß der nach wie vor mächtigste Mann in Chile, der Heeres-Chef Augusto Pinochet Tausende von Menschen auf dem Gewissen hat.

Es beginnt schon damit, daß man für Honecker keine Haftverschonung riskieren kann, ohne einen Aufschrei des ominösen 'gesunden Volksempfindens' zu gewärtigen. Dabei hätte er darauf Anspruch, denn es besteht in seinem Fall weder Verdunkelungs- noch Fluchtgefahr. Die Auflagen könnte er erfüllen. Schwerer wiegt, daß ein Tatverdacht im Sinne des Gesetzes gegen ihn gar nicht gerechtfertigt ist. Man müßte ihn für seniler halten, als er tatsächlich ist, wollte man ihm irgendeine Art von Unrechtsbewußtsein unterstellen. Das hat er mit Sicherheit nicht gehabt.

Ehe die Amerikaner in Grenada und Panama auf ihre Weise neues Recht setzten, galt in der Staatengemeinschaft der Grundsatz, daß jedem Land das Recht auf eine eigene Gesetzgebung zusteht. Allein in den von der Sowjetunion beherrschten Staaten Osteuropas war dieser Grundsatz außer Kraft gesetzt. Es besagt also gar nichts, daß Erich Honecker 1961 die Mauer in Berlin gebaut hat. Der Befehl dazu kam von Walter Ulbricht, der seine Befehle nun wieder aus Moskau bezog. Es war einsichtig, daß die Mauer errichtet werden mußte, damit alle ihre Ruhe hatten, auch wir im Westen...

Welche Verbrechen das Regime Honecker auch begangen haben mag, ihre Aufklärung dürfte Jahre dauern und könnte unmöglich außer acht lassen, daß es genauso - wenn nicht in erster Linie - die Verbrechen des von Stalin hergeleiteten Regimes in Moskau waren... Honecker hat seine Überzeugungen jederzeit kundgetan. Es waren dieselben, wie die Herbert Wehners. Nur büßte Honecker dafür mit zehn Jahren Zuchthaus in Brandenburg...

Der Haftbefehl gegen Honecker hätte gar nicht erst erlassen werden dürfen. Dann könnten wir ja auch gleich die Verantwortlichen in China, Rußland oder England mitverhaften. Gewiß sind mehr als 201 Tote im nordirischen Bürgerkrieg zu beklagen, die von der Regierung in London zu verantworten sind."

In „Neues Deutschland" schrieb der damals in Hamburg lebende 66jährige Journalist Günther Schwarberg die Kolumne auf der Titelseite unter der Überschrift „Die Rache" (ND 14/15.11. 1992, S. 1): „Mit Leuten wie Erich Honecker hätte man in Münster kurzen Prozeß gemacht. Da hängen heute noch am Turm der Lambertikirche die Nachbildungen von drei eisernen Käfigen, in denen am 22. Januar 1536 die Leichen der 'Wiedertäufer' Jan van Leiden, Bernhard Knipperdolling und Bernd Krechting zur Schau gestellt worden waren. Man hatte sie mit glühenden Zangen zu Tode gefoltert.

Ihre Schuld war es, in Münster ein neues Regime errichtet zu haben, das 'Himmelreich auf Erden'. Es hielt sich anderthalb Jahre lang gegen die Macht des Bischofs Franz - ein frühkommunistisches Reich ohne Geld: Das Gold der Stadt war eingesammelt und zu einer Kette geschmiedet worden. Die bekam als Beute einer der kaiserlichen Eroberer, ein Freiherr von Heereman, und dessen Nachfahr besitzt sie noch heute. Treuhand des Mittelalters.

Immer haben sich die Herrschenden gerächt an denen, die ihre Weltordnung umstürzen wollten.

'Den Albigensern folgten die Hussiten
Und zahlten blutig heim, was jene litten;
Nach Huß und Ziska kommen Luther, Hutten,
Die dreißig Jahre, die Ceyennenstreiter,
Die Stürmer der Bastille und so weiter.'

Das hat Nikolaus Lenau gedichtet. Trifft es auf Honecker zu? Ist auch er ein historischer 'und so weiter'?...

Honecker klagen sie an wegen der Todesschüsse an der Mauer. Der Westberliner Polizist Kurras, der bei den Demonstrationen gegen den Schah von Persien am 2. Juni 1967 den Studenten Benno Ohnesorg erschossen hatte, wurde im selben

Moabiter Gericht freigesprochen. Wieviele Nazimörder haben sie erst gar nicht angeklagt... Aber das war etwas anderes, die Nachkriegsjuristen kamen aus derselben Staatstradition wie die Polizisten, die Wehrmachtsoffiziere, die KZ-Kommandanten.

Glühende Zangen verwenden sie heute nicht mehr. Die Würde des Menschen ist unantastbar. 'Jeder hat das Recht auf Leben und körperliche Unversehrtheit.' Das garantiert Artikel 2, Absatz 2 des Grundgesetzes. Vor fünf Jahren sollten die Hamburger Richter Schenck, Horstkotte und Görtz ein Mordverfahren gegen den ehemaligen SS-Obersturmführer Arnold Strippel durchführen. Nach mehreren Jahrzehnten Untätigkeit der Justiz hatten es die Angehörigen der Opfer erreicht, daß dieser Mann vor Gericht gestellt werden sollte. Er ist verantwortlich für das Aufhängen von zwanzig kleinen Kindern. Aber die Richter lehnten ab: Er leide an Bluthochdruck, Prostatabeschwerden und Depressionen. Bei einem Gerichtsverfahren werde Strippel 'in eine nicht mit medizinischen Maßnahmen abwendbare nahe Lebensgefahr gebracht... Diese Gefährdung seines Lebens und seiner Gesundheit wäre so hoch, daß dadurch sein Grundrecht aus Art. 2 Abs. 2 1 GG verletzt werden würde. Zu einer schweren Belastung des Angeschuldigten würde schon die kaum absehbare Dauer der Hauptverhandlung führen, die jedenfalls deshalb von bedeutender zeitlicher Ausdehnung sein müßte, weil das Gericht die von dem internistischen Sachverständigen... festgesetzten zeitlichen Grenzen (1 bis 2 Stunden pro Tag) einzuhalten hätte.'

Auch daß seine Tat so grauenhaft war, wurde ihm letztlich zugutegehalten, weil 'der schwerkranke und affektlabile Angeschuldigte sich in einer Hauptverhandlung dem Vorwurf eines unter besonders schrecklichen Umständen begangenen Mordes ausgesetzt sehen würde. Diesem Vorwurf müßte er sich unter großer Anteilnahme der Öffentlichkeit stellen, die ihn aufgrund veröffentlichter Auszüge des Beweismaterials für schon überführt hält.'

Der Mann lebt unbehelligt in Frankfurt am Main. Er war auch niemals in Untersuchungshaft genommen worden. Bei Erich

Honecker gilt ein anderer Maßstab. Seine tödliche Krebskrankheit hat die Richter nicht gehindert, den Mann aus dem Gefängnis ins Krankenhaus zu schicken und das Verfahren auszusetzen. Da soll kein Rachegedanke dabei sein? Auch nicht bei Richter Bräutigam, der früher als Journalist unter falschem Namen gegen die DDR geschrieben hat?
Die Schuld des Erich Honecker kann nicht vom Schwurgericht Moabit gewogen werden. Seine Schuld ist es, die Chance vertan zu haben, einen gerechteren Staat mitzuschaffen. Den Menschheitstraum zu verwirklichen von einem Reich der Freiheit, in dem der Mensch nicht mehr vom Menschen ausgebeutet wird und in dem der Mensch nicht länger Feind des Menschen ist. Da hat Honecker versagt, und lange wird es dauern, ehe die Menschheit wieder eine solche Chance hat."

1. Dezember 1992:

In einem Schreiben an das Gericht äußert sich Oberarzt Groß u.a.: „...ist nach meiner Ansicht bei der jetzt dokumentierten Befundprogredienz ein deutlich erhöhtes Risiko für das Auftreten lebensbedrohlicher Komplikationen gegeben."

4. Dezember 1992:

Prof. Kirstaedter zum Gesundheitszustand E.H.'s: „Die Lebenserwartung mag... gerechnet ab 4.12.1992, bei 3 bis 6 Monaten liegen." Prof. Schneider: „Bei Herrn Erich Honecker besteht ein Zustand, wo sich Leben und Sterben überlappen, wobei der Vorgang des Sterbens nunmehr mehr Gewicht bekommt... Die Frage nach Haftfähigkeit wird hiervon natürlich nicht im gleichen Maße berührt. Herr Honecker ist nach dem zuvor gesagten weiter haftfähig." (Das 36 Seiten starke Gesamtgutachten trägt handschriftlich das Datum des 16. Dezember 1992 und die Unterschrift „E. Honecker".)

3. Dezember 1992:

Erich Honecker verliest vor Gericht eine persönliche Erklärung.

HONECKERS GROSSE REDE

Nach turbulenten Monaten schwerkrank inhaftiert und vor Gericht gestellt, ergriff er das Wort zur letzten großen Rede seines Lebens. Er hatte sich eine Schreibmaschine ins Gefängnis bringen lassen und sie in der Zelle selbst geschrieben. Viele meinten, dass es die beste Rede war, die er je gehalten hatte.

Von den Biografen kann man keine Komplimente für diese Rede erwarten, da sie in vielen Passagen ihre so mühsam errichteten Ammenmärchen-Pontons versenkt aber Zahlen liefern einen Beweis, den wohl jedes Gericht der Welt überzeugen würde. Ein Mann, dessen Leben angeblich Gegenstand der Arbeit der so genannten Biografen ist, hält vor Gericht zu den entscheidenden Vorwürfen, die die Anklage gegen ihn und die DDR erhebt eine Rede, die 5719 (in Worten: Fünftausendsiebenhundertneunzehn) Worte umfasst. Historiker Kunze zum Beispiel, der obendrein vorgibt, sich den letzten Jahren seines Lebens zu widmen, zitiert davon 167. Das sind jämmerliche 2,92 Prozent! Von einer Rede, die die journalistisch angesehene und jeder Honecker-Sympathie unverdächtige Zeitung „taz" (Berlin-West) mit den Worten bewertete: „Mit dieser Rede gewann Honecker seine persönliche Ehre zurück."

Henrik Eberle - Klappentext-Werbung: „Jetzt ist es Zeit für eine sachliche Neubewertung des Politikers und des Menschen Erich Honecker" - unterbot Kunze noch beträchtlich: Er zitierte 33 Worte, also 0,58 Prozent der Rede.

Solche Entdeckungen erhärten den Vorwurf, dass diese Biografen allein das Ziel verfolgten, den Ruf des Sozialismus zu schädigen. Dazu eignete sich die Rede kaum

Erich Honecker eröffnete dem Gericht als erstes: „Ich werde dieser Anklage und diesem Gerichtsverfahren nicht dadurch den Anschein des Rechts verleihen, daß ich mich gegen den offensichtlich unbegründeten Vorwurf des Totschlages verteidige. Verteidigung erübrigt sich auch, weil ich Ihr Urteil nicht mehr erleben werde. Die Strafe, die Sie mir offensichtlich zudenken, wird mich nicht mehr erreichen. Das weiß heute jeder. Ein Prozeß gegen mich ist schon aus diesem Grunde eine Farce. Er ist ein politisches Schauspiel."

Und dann begann er sein großes Plädoyer: „Niemand in den alten Bundesländern, einschließlich der Frontstadt Westberlin, hat das Recht, meine Genossen Mitangeklagten, mich oder irgendeinen anderen Bürger der DDR wegen Handlungen anzuklagen oder gar zu verurteilen, die in Erfüllung staatlicher Aufgaben der DDR begangen worden sind.

Wenn ich hier spreche, so spreche ich allein, um Zeugnis abzulegen für die Ideen des Sozialismus, für eine gerechte politische und moralische Beurteilung der von mehr als einhundert Staaten völkerrechtlich anerkannten Deutschen Demokratischen Republik. Diese jetzt von der BRD als 'Unrechtsstaat' apostrophierte Republik war ein Mitglied des Weltsicherheitsrates, stellte zeitweise den Vorsitzenden dieses Rates und stellte auch einmal den Vorsitzenden der UN-Vollversammlung.

Die gerechte politische und moralische Beurteilung der DDR erwarte ich nicht von diesem Prozeß und diesem Gericht. Ich nehme jedoch die Gelegenheit dieses Politschauspieles wahr, um meinen Standpunkt meinen Mitbürgern zur Kenntnis zu geben.

Meine Situation in diesem Prozeß ist nicht ungewöhnlich. Der deutsche Rechtsstaat hat schon Karl Marx, August Bebel, Karl Liebknecht und viele andere Sozialisten und Kommunisten angeklagt und verurteilt. Das Dritte Reich hat dies mit den aus dem Rechtsstaat der Weimarer Republik übernommenen Richtern in vielen Prozessen fortgesetzt, von denen ich selbst einen als Angeklagter erlebt habe. Nach der Zerschlagung des deutschen Faschismus und des Hitlerstaates brauchte die BRD nicht nach neuen Staatsanwälten und Richtern zu suchen, um erneut Kommunisten massenhaft strafrechtlich zu verfolgen, ihnen mit Hilfe der Arbeitsgerichte Arbeit und Brot zu nehmen und sie mit Hilfe der Verwaltungsgerichte aus dem öffentlichen Dienst zu entfernen oder sie auf andere Weise zu verfolgen. Nun geschieht uns das, was unseren Genossen in Westdeutschland schon in den 50er Jahren geschah. Es ist seit ca. 190 Jahren immer die gleiche Willkür. Der Rechtsstaat BRD ist kein Staat des Rechts, sondern ein Staat der Rechten.

Für diesen Prozeß wie für andere Prozesse, in denen andere DDR-Bürger wegen ihrer 'Systemnähe' vor Straf-, Arbeits-, Sozial- und Verwaltungsgerichten verfolgt werden, muß ein Argument herhalten. Die Politiker und Juristen sagen, wir müssen die Kommunisten verurteilen, weil wir die Nazis nicht verurteilt haben. Wir müssen diesmal die Vergangenheit aufarbeiten. Das leuchtet vielen ein, ist aber ein Scheinargument. Die Wahrheit ist, daß die westdeutsche Justiz die Nazis nicht bestrafen konnte, weil sich Richter und Staatsanwälte nicht selbst bestrafen konnten. Die Wahrheit ist, daß diese bundesdeutsche Justiz ihr derzeitiges Niveau, wie immer man es beurteilt, den übernommenen Nazis verdankt. Die Wahrheit ist, daß die Kommunisten, die DDR-Bürger heute aus den gleichen Gründen verfolgt werden, aus denen sie in Deutschland schon immer verfolgt wurden. Nur in den 40 Jahren der Existenz der DDR war das umgekehrt. Dieses Versäumnis muß nun 'aufgearbeitet' werden. Das alles ist natürlich rechtsstaatlich. Mit Politik hat es nicht das geringste zu tun.

Die führenden Juristen dieses Landes, gleich ob Angehörige der Regierungsparteien oder der SPD, erklären beschwörend, unser Prozeß sei ein ganz normales Strafverfahren und kein politischer Prozeß, kein Schauprozeß. Man sperrt die Mitglieder eines der höchsten Staatsorgane des Nachbarstaates ein und sagt, das hat mit Politik nichts zu tun. Man wirft den Generalen eines gegnerischen Militärbündnisses militärische Entscheidungen vor und sagt, das hat mit Politik nichts zu tun. Man nennt die heute Verbrecher, die man gestern ehrenvoll als Staatsgäste und Partner in dem gemeinsamen Bemühen, daß nie wieder von deutschem Boden ein Krieg ausgeht, begrüßt hat. Auch das soll mit Politik nichts zu tun haben.

Man klagt Kommunisten an, die, seit sie auf der politischen Bühne erschienen sind, immer verfolgt wurden, aber heute in der BRD hat das mit Politik nichts zu tun.

Für mich, und wie ich glaube, für jeden Unvoreingenommenen liegt auf der Hand: Dieser Prozeß ist so politisch, wie ein Prozeß gegen die politische und militärische Führung der DDR nur sein kann. Wer das leugnet, der irrt nicht, sondern der lügt. Er lügt, um das Volk ein weiteres Mal zu betrügen. Mit diesem Prozeß wird das getan, was man uns vorwirft. Man entledigt sich der politischen Gegner mit den Mitteln des Strafrechts, aber natürlich ganz rechtsstaatlich.

Auch andere Umstände lassen unübersehbar erkennen, daß mit dem Prozeß politische Ziele verfolgt werden. Warum war der Bundeskanzler, war Herr Kinkel, der frühere Geheimdienstchef, spätere Justizminister und noch spätere Außenminister der BRD, so darauf aus, mich, koste es, was es wolle, nach Deutschland zurückzuholen und wieder nach Moabit zu bringen, wo ich unter Hitler schon einmal war? Warum ließ mich der Bundeskanzler erst nach Moskau fliegen, um dann Moskau und Chile unter Druck zu setzen, mich entgegen jedem Völkerrecht auszuliefern? Warum mußten russische Ärzte die richtige Diagnose, die sie auf Anhieb gestellt hatten, verfälschen? Warum führt man mich und meine Genossen, denen es gesundheitlich nicht viel besser geht als mir, dem Volke vor wie einst die römischen Cäsaren ihre gefangenen Gegner vorführten?

Ich weiß nicht, ob das alles noch rational zu erklären ist. Vielleicht bewahrheitet sich hier das alte Wort: Wen Gott vernichten will, den schlägt er zuvor mit Blindheit...

Es ist doch wohl jedem klar, daß alle diejenigen Politiker, die sich einst um eine Audienz bei mir bemühten und die sich freuten, mich bei sich begrüßen zu dürfen, von diesem Prozeß nicht unbeschadet bleiben. Daß an der Mauer Menschen erschossen wurden, daß ich der Vorsitzende des Nationalen Verteidigungsrates, der Generalsekretär, der Vorsitzende des Staatsrates der DDR war, der für diese Mauer als höchster lebender Politiker die größte Verantwortung trug, wußte jedes Kind in Deutschland und darüber hinaus. Es gibt demnach nur zwei Möglichkeiten: Entweder haben die Herren Politiker der BRD bewußt, freiwillig und sogar begierig Umgang mit einem Totschläger gesucht oder sie lassen jetzt bewußt und genußvoll zu, daß Unschuldige des Totschlags bezichtigt werden. Keine dieser beiden Möglichkeiten wird Ihnen zur Ehre gereichen. Eine dritte Möglichkeit gibt es nicht. Wer dieses Dilemma in Kauf nimmt, so oder so ein Mensch ohne Charakter zu sein, ist entweder blind oder verfolgt ein Ziel, das ihm mehr gilt als die Bewahrung seiner Ehre.

Nehmen wir an, daß weder Herr Kohl noch Herr Kinkel noch all die anderen Herren Ministerpräsidenten und Parteiführer der Bundesrepublik Deutschland blind sind (was ich dennoch nicht ausschließen kann), dann bleibt als politisches Ziel dieses Prozesses nur die Absicht, die DDR und damit den Sozialismus in Deutschland total zu diskreditieren. Die Niederlage der DDR und des Sozialismus in Deutschland und in Europa allein genügt ihnen offenbar nicht. Es soll alles ausgerottet werden, was diese Epoche, in der Arbeiter und Bauern regierten, in einem anderen als furchtbaren, verbrecherischen Licht erscheinen läßt... Total sollen der Sieg der Marktwirtschaft (wie man den Kapitalismus heute euphemistisch nennt) und die Niederlage des Sozialismus sein. Man will, wie es Hitler einst vor Stalingrad sagte, 'daß dieser Feind sich nie mehr erheben wird'. Die deutschen Kapitalisten hatten eben immer schon einen Hang zum Totalen...

Der unnatürliche Tod jedes Menschen in unserem Land hat uns immer bedrückt. Der Tod an der Mauer hat uns nicht nur menschlich betroffen, sondern auch politisch geschädigt. Vor allen anderen trage ich seit Mai 1971 die Hauptlast der politischen Verantwortung dafür, daß auf denjenigen, der die Grenze zwischen der DDR und der BRD, zwischen Warschauer Vertrag und NATO, ohne Genehmigung überschreiten wollte, unter den Bedingungen der Schußwaffengebrauchsbestimmung geschossen wurde. Das ist sicher eine schwere Verantwortung. Ich werde später noch darlegen, warum ich sie auf mich genommen habe. Hier, bei der Bestimmung des politischen Ziels dieses Prozesses, komme ich jedoch nicht umhin, auch festzustellen, mit welchen Mitteln das Prozeßziel Verunglimpfung der DDR erreicht werden soll. Dieses Mittel sind die Toten an der Mauer. Sie sollen und werden diesen Prozeß wie schon vorangegangene Prozesse medienwirksam gestalten. Es fehlen dabei die ermordeten Grenzsoldaten der DDR. Wir und vor allem Sie haben bereits erlebt, wie ohne Rücksicht auf Pietät und Anstand die Bilder der Toten vermarktet wurden. Damit soll Politik gemacht und Stimmung erzeugt werden. Jeder Tote wird so gebraucht, richtiger mißbraucht, im Kampf der Unternehmer um den Erhalt ihres kapitalistischen Eigentums. Denn um nichts anderes geht es bei dem Kampf gegen den Sozialismus. Die Toten sollen die Unmenschlichkeit der DDR und des Sozialismus beweisen und von der Misere der Gegenwart und den Opfern der sozialen Marktwirtschaft ablenken. Das alles geschieht demokratisch, rechtsstaatlich, christlich, human und zum Wohle des deutschen Volkes.

Armes Deutschland...

Wahr ist, daß der Bau der Mauer auf einer Sitzung der Staaten des Warschauer Vertrages am 05.08.1961 in Moskau beschlossen wurde. In diesem Bündnis sozialistischer Staaten war die DDR ein wichtiges Glied, aber nicht die Führungsmacht. Dies dürfte gerichtsbekannt sein und braucht wohl nicht bewiesen zu werden.

Da wir - wie ich schon sagte - offensichtlich niemand persönlich totgeschlagen noch den Totschlag eines Menschen unmittelbar befohlen haben, wird der Bau der Mauer, ihre Aufrechterhaltung und die Durchsetzung des Verbots, die DDR ohne staatliche Genehmigung zu verlassen, als Tötungshandlung angesehen. Mit Politik soll das alles nichts zu tun haben. Die deutsche Jurisprudenz macht das möglich. Nur vor der Geschichte und dem gesunden Menschenverstand wird sie damit nicht bestehen. Sie wird nur ein weiteres Mal demonstrieren, woher sie kommt, wes Geistes Kind sie ist und wohin Deutschland zu gehen im Begriffe steht.

Wir alle, die wir in den Staaten des Warschauer Vertrages damals Verantwortung trugen, trafen diese politische Entscheidung gemeinsam. Ich sage das nicht, um mich zu entlasten und die Verantwortung auf andere abzuwälzen; ich sage es nur, weil es so und nicht anders war, und ich stehe dazu, daß diese Entscheidung damals, 1961, richtig war und richtig blieb, bis die Konfrontation zwischen den USA und der UdSSR beendet war. Eben diese politische Entscheidung und die Überzeugungen, die ihr zugrunde liegen, sind der Gegenstand dieses Prozesses. Man muß schon blind sein oder bewußt vor den Geschehnissen der Vergangenheit die Augen verschließen, um diesen Prozeß nicht als politischen Prozeß der Sieger über die Besiegten zu erkennen, um nicht zu erkennen, daß er eine politisch motivierte Entstellung der Geschichte bedeutet. Wenn Sie diese politische Entscheidung für falsch halten und mir und meinen Genossen die Toten an der Mauer zum strafrechtlichen Vorwurf machen, dann sage ich Ihnen, die Entscheidung, die Sie für richtig halten, hätte Tausende oder Millionen Tote zur Folge gehabt. Das war und das ist meine Überzeugung und, wie ich annehme, auch die Überzeugung meiner Genossen. Wegen dieser politischen Überzeugung stehen wir hier vor Ihnen. Und wegen Ihrer andersartigen politischen Überzeugung werden Sie uns verurteilen.

Wie und warum es zum Bau der Mauer gekommen ist, interessiert die Staatsanwaltschaft nicht. Kein Wort steht darüber in der Anklage. Die Ursachen und Bedingungen werden unterschlagen, die Kette der historischen Ereignisse wird willkürlich zerrissen. Erich Honecker hat die Mauer gebaut und aufrechterhalten. Basta! So einfach vermag der bundesdeutsche Jurist die Geschichte zu sehen und darzustellen. Hauptsache, der Kommunist wird zum Kriminellen gestempelt und als solcher verurteilt. Dabei kann doch jeder Deutsche wissen, wie es zur Mauer kam und warum dort geschossen wurde. Da die Anklage so tut, als sei es dem Sozialismus eigen, Mauern zu bauen und daran Menschen erschießen zu lassen, und als trügen solche 'verbrecherischen' Einzelpersonen wie ich und meine Genossen dafür die Verantwortung, muß ich, ohne Historiker zu sein, die Geschichte, die zur Mauer führte, rekapitulieren...

Als der zweite Weltkrieg ausgebrochen war und die Fanfaren, die Siege in den Blitzkriegen gegen Polen, Norwegen, Dänemark, Belgien, Holland, Luxemburg, Frankreich, Jugoslawien und Griechenland vermeldeten, kannte die Begeisterung keine Grenzen. Die Herzen fast aller Deutschen schlugen für ihren Kanzler, für den größten Führer aller Zeiten. Kaum einer dachte daran, daß das Tausendjährige Reich nur zwölf Jahre bestehen würde.

Nachdem 1945 alles in Scherben lag, gehörte nicht die ganze Welt Deutschland (wie es in einem bekannten Nazilied vorausgesungen wurde), sondern Deutschland gehörte den Alliierten. Deutschland war in vier Zonen geteilt. Freizügigkeit gab es nicht. Dieses Menschenrecht galt damals bei den Alliierten noch nicht. Es galt nicht einmal für die deutschen Emigranten, die wie Gerhart Eisler aus den USA nach Deutschland zurückkehren wollten...

Die Bildung der DDR war eine zeitliche und logische Folge der Bildung der BRD. Nunmehr existierten zwei deutsche Staaten nebeneinander. Die BRD war jedoch nicht gewillt, die DDR anzuerkennen und mit ihr friedlich zu leben. Sie erhob vielmehr für ganz Deutschland und alle Deutschen den Alleinvertretungsanspruch. Sie verhängte mit Hilfe ihrer Verbündeten über die DDR ein Wirtschaftsembargo und versuchte so, die DDR wirtschaftlich und politisch zu isolieren. Es war eine Politik der nichtkriegerischen Aggression, die die BRD gegen die DDR führte. Es war dies die Form des Kalten Krieges auf deutschem Boden. Es war diese Politik, die zur Mauer führte... Bedeutende Politiker außerhalb Deutschlands, aber auch in der BRD, erkannten nach 1961 an, daß der Bau der Mauer die Weltlage entspannt hatte. Franz Josef Strauß schrieb in seinen Erinnerungen: 'Mit dem Bau der Mauer war die Krise, wenn auch in einer für die Deutschen unerfreulichen Weise, nicht nur aufgehoben, sondern eigentlich auch abgeschlossen.' (Seite 390) Vorher hat er über den geplanten Atombombenabwurf im Gebiet der DDR berichtet. (Seite 388)

Aus meiner Sicht hätte es weder den Grundlagenvertrag noch Helsinki, noch die Einheit Deutschlands gegeben, wenn damals die Mauer nicht gebaut oder wenn sie vor der Beendigung des Kalten Krieges abgerissen worden wäre. Deswegen meine ich, daß ich genauso wie meine Genossen, nicht nur keine juristische, sondern auch keine politische und keine moralische Schuld auf mich geladen habe, als ich zur Mauer ja sagte und dabei blieb... Uns schalt man 'Betonköpfe' und warf uns Reformunfähigkeit vor. In diesem Prozeß wird demonstriert, wo die Betonköpfe herrschen und wer reformunfähig ist. Nach außen ist man zwar äußerst geschmeidig, wird Gorbatschow die Ehrenbürgerschaft von Berlin verliehen, wird gnädig verziehen, daß er einst die sogenannten Mauerschützen durch seinen Eintrag in ihr Ehrenbuch belobigte, aber nach innen ist man 'hart wie Kruppstahl'. Den einstigen Verbündeten von Gorbatschow stellt man dagegen vor Gericht. Gorbatschow und ich gehörten beide der kommunistischen Weltbewegung an. Es ist bekannt, daß wir in einigen wesentlichen Punkten verschiedener Meinung waren. Doch unsere Differenzen waren aus meiner damaligen Sicht geringer als unsere Gemeinsamkeiten. Mich hat der Bundeskanzler nicht mit Goebbels verglichen, und ich hätte ihm das auch nicht verziehen. Weder für den Bundeskanzler noch für Gorbatschow ist dieses Strafverfahren ein Hindernis für ihre Duzfreundschaft. Auch das ist kennzeichnend.

Ich bin am Ende meiner Erklärung. Tun Sie, was Sie nicht lassen können."[31]

DIE FINALE TREIBJAGD IM GERICHTSSAAL

In der Verhandlung am 7. Januar hatte der neue vorsitzende Richter, Boß, - sein Vorgänger Bräutigam war wegen Befangenheit abgelöst worden, nachdem er sich in einer Verhandlungspause um ein Autogramm Honeckers bemüht hatte - ein Schreiben des Leitenden Arztes des Haftkrankenhauses, Rex, - datiert vom 6. Januar - zur Kenntnis gegeben: „Der Unterzeichner hat als verantwortlicher behandelnder Arzt die gesundheitliche Entwicklung des Untersuchungsgefangenen vom Augenblick seiner Aufnahme in die JVA Moabit verfolgen können. Während er sich in der Anfangszeit der Untersuchungshaft mit großer Intensität, geradezu Arbeitswut, viele Stunden täglich in die Durcharbeitung seiner Prozeßakten vertieft und außerdem viele Stunden gelesen hat, fällt jetzt eine hochgradige Erschöpfbarkeit und Konzentrationsschwäche auf. Er beklagt, nicht mehr lesen zu können, weil die o.e. rechtsseitigen Oberbauchschmerzen, deren Intensität und Häufigkeit sowie Dauer des Auftretens sich gesteigert haben, Bewußtsein sowie Empfinden zunehmend beherrschen. Zu anderen Zeiten könnte er sich nicht konzentrieren, weil er aus ihm wesensfremder Entkräftung und Ermüdung ständig über den Buch- bzw. Aktenseiten einschliefe. Auffällig ist das hohe Maß an Erschöpfung, mit dem er neuerdings jeweils von den Prozeßterminen in das Krankenhaus der Berliner Vollzugsanstalten zurückkehrt. Mit ärztlichen Mitteln kann dem nicht gegengesteuert werden. Im Gegenteil wird die vordringliche ärztliche Aufgabe, dem unheilbar Kranken Trost zu spenden und ihm das Ende zu erleichtern, konterkariert durch die die Prozeßtermine augenscheinlich bestimmende ständige Diskussion über den möglichen Zeitpunkt des Todes und die aus der

Sicht des fachkundigen behandelnden Arztes nicht mehr nachzuvollziehenden prozeßtaktischen Zweifel an der tödlichen Erkrankung. Es erscheint von daher nicht nur nicht ausgeschlossen, sondern in gesteigertem Umfang plausibel, daß die bei Herrn Honecker zu konstatierende Erschöpfung der psychischen Kompensationsmechanismen ursächlich von der Fortdauer der Verhandlungen und der Untersuchungshaft bestimmt ist. Daß depressive Mutlosigkeit und Selbstaufgabe die Verläufe schwerer oder bösartiger Erkrankungen ungünstig beeinflussen bzw. zu beschleunigen vermögen, ist mit entsprechend Erkrankten befaßten Ärzten, Psychologen oder Pflegepersonen vertraut... ist festzustellen, daß die vom Unterzeichner nach eingehender körperlicher Untersuchung des Untersuchungsgefangenen in der Nacht der Aufnahme im KBVA noch ohne objektive Kenntnis der Geschwulsterkrankung getroffene Feststellung, Herr Honecker sei vollzugsfähig, im Lichte der gewachsenen Erkenntnis und des klinischen Verlaufs keinen Bestand mehr haben könnte: Im Gegenteil muß mit an Sicherheit grenzender Wahrscheinlichkeit angenommen werden, daß unbeschadet der Frage der Verhandlungsfähigkeit von der Fortdauer der Untersuchungshaft eine schwere Beeinträchtigung der Gesundheit, nämlich eine Beschleunigung des Krankheitsverlaufs erwartet werden muß."

Hier wird zum wiederholten Mal bestätigt, daß die Geschwulsterkrankung Honeckers von den Moskauer Ärzten vorsätzlich unterschlagen worden war - auf Wunsch Bonns, der sich zum erpresserischen Druck steigert!

Der zuständige Senat des Berliner Kammergerichts beschloss daraufhin, das Verfahren gegen Erich Honecker abzutrennen. Dagegen votierte augenblicklich die Staatsanwaltschaft. Die Entscheidung fiel am 12. Januar, als das

Berliner Verfassungsgericht befand: „Das Kammergericht ist in Auswertung der bereits vom Landgericht eingeholten Gutachten und sonstigen Erhebungen der medizinischen Sachverständigen, die es für überzeugend hält, zu dem Schluß gekommen, daß der Beschwerdeführer aufgrund seiner weit fortgeschrittenen Krebserkrankung den Abschluß des Verfahrens vor der Strafkammer, der nach Auffassung des Kammergerichts frühestens für das Jahresende 1993 zu erwarten ist, mit an Sicherheit grenzender Wahrscheinlichkeit nicht mehr erleben wird. Diese Tatsachenwürdigung ist den weiteren Erwägungen des Verfassungsgerichtshofs zugrunde zu legen. Auf dieser Grundlage ist davon auszugehen, daß das gegen den Beschwerdeführer anhängige Strafverfahren seinen gesetzlichen Zweck nicht mehr erreichen kann, der darin besteht, den legitimen Anspruch der staatlichen Gemeinschaft auf vollständige Aufklärung der dem Beschwerdeführer in der Anklage zur Last gelegten Taten und gegebenenfalls auf Verurteilung und Bestrafung zu erfüllen (vgl. dazu BVerfGE 20, 45 [49]). Das Strafverfahren wird damit zum Selbstzweck; für die weitere Durchführung eines solchen Strafverfahrens gibt es keinen rechtfertigenden Grund. Auch der eine Untersuchungshaft anordnende Haftbefehl ist nicht Selbstzweck, sondern hat die ausschließliche Funktion, die Durchführung eines geordneten Strafverfahrens zu gewährleisten und die spätere Strafvollstreckung sicherzustellen."

Die 27. Große Strafkammer des Landgerichts Berlin erhielt wenige Stunden später den Einspruch eines Staatsanwalts Großmann von der Abteilung „Regierungskriminalität", in dem gegen die Einstellung des Verfahrens nachdrücklich protestiert wurde, endend: „...kann die Rechtsauffassung des Verfassungsgerichtshofes nicht als verbindliche Vorgabe für eine erneute Entscheidung des Landgerichts über die Anträge des Angeklagten Honecker auf Einstellung des Verfahrens und Aufhebung des Haftbefehls gegen ihn angesehen werden."

Am Nachmittag des 13. Januar wurde mitgeteilt, dass der Einstellungsbeschluss des Verfahrens gegen Honecker inzwischen wieder aufgehoben sei und der Angeklagte wieder vor Gericht erscheinen müsse.

Um 20.25 Uhr verließ Erich Honecker auf dem Flughafen Tegel deutschen Boden und flog nach Chile. Gute Freunde in einem Reisebüro hatten die zulässigen „Irrtümer" bei der Notierung eines Passagiernamens so eskaliert, dass die Scharen von Journalisten, die ebenfalls für den Flug buchen wollten, bis auf eine Ausnahme abgeschüttelt werden konnten.

Alle juristischen Gepflogenheiten ignorierend, publizierte die Berliner Senatsverwaltung für Justiz - Leiterin war Frau Limbach, die bald darauf zur Präsidentin des Bundesverfassungsgerichts befördert wurde, eine Presseerklärung, in der es hieß: „Der Generalstaatsanwalt bei dem Kammergericht teilt mit:

Die Staatsanwaltschaft bei dem Kammergericht verwahrt sich mit aller Entschiedenheit gegen den Vorwurf, daß das Strafverfahren gegen Erich Honecker nicht rechtsstaatlich geführt worden sei. Insbesondere die Feststellung des Verfassungsgerichtshofes des Landes Berlin, das Landgericht und das Kammergericht hätten das Grundrecht der Menschenwürde des Angeklagten überhaupt nicht in Erwägung gezogen, entbehrt jeder Grundlage.

Der Beschluß des Verfassungsgerichtshofes vom 12. Januar 1993 enthält eine massive Richterschelte gegenüber dem Landgericht und dem Kammergericht, soweit diesen vorgeworfen wird, den Geboten der Menschenwürde nicht Rechnung getragen zu haben. Diese Kritik muß die Anklagebehörde, selbst wenn sie nicht direkt angesprochen wird, naturgemäß auch auf sich beziehen, da sie zu allen Verfahrensfragen die sich aus der jeweiligen Prozeßsituation ergebenden Anträge gestellt hat. Es gibt keine Berechtigung für eine derartige Kritik - weder gegenüber der Staatsanwaltschaft noch gegenüber dem Landgericht und dem Kammergericht.

Es ist nicht nachvollziehbar, warum der Verfassungsgerichtshof in Kenntnis des für den 14. Januar 1993 angesetzten Anhörungs- und Hauptverhandlungstermins meinte, über die bereits am 29. Dezember 1992 eingelegte Verfassungsbeschwerde des Angeklagten Honecker unbedingt schon am 12. Januar 1993 in der Hauptsache entscheiden zu müssen.

Sowohl die Staatsanwaltschaft als auch das Gericht haben die Frage der Verhandlungs- und Haftfähigkeit des Angeklagten Honecker während des gesamten Verlaufs des Strafverfahrens in regelmäßigen Abständen durch mehrere medizinische Sachverständige überprüfen lassen. Es erscheint geradezu absurd, daß dabei der Verfassungsgrundsatz der Achtung der Menschenwürde nicht in Erwägung gezogen worden sein soll. Die Dauer der Hauptverhandlungstermine war stets auf den jeweiligen Gesundheitszustand des Angeklagten Honecker ausgerichtet. Die ärztlichen Untersuchungen erfolgten im Verlauf der Hauptverhandlung in immer kürzeren Zeitabständen. Dem Verfassungsgerichtshof war insbesondere bekannt, daß die Strafkammer das Hauptverfahren gegen den Angeklagten am 7. Januar 1993 abgetrennt und vor Anberaumung eines weiteren Hauptverhandlungstermins für den 14. Januar 1993 zunächst die mündliche Anhörung mehrerer medizinischer Sachverständiger angeordnet hatte, um sich ein weiteres Bild über den Gesundheitszustand Honeckers machen zu können.

Das gesamte Verfahren war, soweit es um die Verhandlungsfähigkeit ging, durch Erwägungen gekennzeichnet, die auf die Menschenwürde zielten. Den richterlichen Entscheidungen war damit auch zu entnehmen, daß sie den Verfassungsgrundsatz der Achtung der Menschenwürde berücksichtigt haben, ohne daß dies direkt zum Ausdruck gebracht worden ist.

Im übrigen ist auch darauf zu verweisen, daß im Strafprozeß nicht nur die Würde des Angeklagten, sondern auch die Schwere und der Umfang des Tatvorwurfs sowie die Würde der Opfer eine Rolle spielen, ein Umstand, den Staatsanwaltschaft und Gerichte stets bedacht haben."

Die Rechtsanwaltskammer von Berlin wandte sich gegen diese Darstellung der Situation. Deren Präsident schrieb an Jutta Limbach:

„Selbstverständlich halte ich Kritik und Urteilsschelte an Entscheidungen von Gerichten für zulässig. Eine derart heftige Kritik, wie sie in der Pressemitteilung geübt wird, ist mir gegenüber einer Entscheidung anderer Verfassungsgerichte der Bundesrepublik Deutschland bisher nicht bekannt geworden. Ich halte sie für ungehörig. Sie ist umso mehr zu bedauern, weil die Richter des Verfassungsgerichtshofs sich nicht wehren können, denn Verfassungsrichter verteidigen ihre Entscheidungen nicht in der Öffentlichkeit. Die Kritik ist aber nicht nur ungehörig, mit ihr wird auch offenbar, welche geringe Achtung die Strafverfolgungsbehörden dieser Stadt vor dem höchsten Berliner Gericht, dem Wahrer der Verfassungsrechte haben."

Der Ton konnte kaum mehr eskalieren. Honecker war längst in einer Klinik in Chile, Ärzte mühten sich dort, ihm zu helfen. Monate hindurch war er nicht behandelt, sondern nur von einem zum nächsten Gutachter gefahren worden. Und in dieser Situation ließ die Limbach d e Verfassungsrichter attackieren und obendrein allen Ernstes die Rückkehr Honeckers fordern. Richter Boß beorderte ihn für den 9. Februar 9.30 Uhr wieder nach Moabit in Saal 500 und drohte: „Für den Fall, daß Sie zu diesem Termin nicht erscheinen sollten und die Kammer Ihr Ausbleiben als eigenmächtig ansehen würde, bestünde die Möglichkeit einer Fortsetzung der Hauptverhandlung in Ihrer Abwesenheit, bzw. des Erlasses eines erneuten Haftbefeh s."

Der Brief war zynisch mit „Hochachtungsvoll" unterschrieben.

Man kann nicht umhin zu vermuten, dass die an ciesem Schriftverkehr beteiligten Juristen die am 23. September 1991 beim 15. Deutschen Richtertag in Köln vom Bundesjustizminister Kinkel erteilte Order für einen bindenden Befehl hielten: „Ich baue auf die deutsche Justiz. Es muß gelingen, das SED-System zu delegitimieren, das bis zum bitteren Ende seine Rechtfertigung aus antifaschistischer Gesinnung, angeblich höheren Werten und behaupteter absoluter Humanität hergeleitet hat, während es unter dem Deckmantel des Marxismus-Leninismus einen Staat aufbaute, der in weiten Bereichen genau so unmenschlich und schrecklich war wie das faschistische Deutschland, das man bekämpfte und - zu Recht - nie mehr wieder entstehen lassen wollte."

Schließlich griffen auch die Honecker-Anwälte noch ns Geschehen ein und wandten sich an Frau Limbach: „Es mag das gute Recht der Staatsanwaltschaft bei dem Kammergericht sein, anderer Auffassung als das höchste Berliner Gericht zu sein, gleichwohl meinen wir, daß es Ihre Aufgabe sein muß, die Achtung vor diesem Gericht zu erhalten und nicht durch Presseverlautbarungen Ihres

Hauses sich an einer unzulässigen Herabwürdigung des Verfassungsgerichtshofs zu beteiligen. Wir bitten Sie, darauf hinzuwirken, daß Herr Generalstaatsanwalt Neumann sich in Zukunft einer angemessenen Sprache gegenüber dem höchsten Berliner Gericht befleißigt... In der Sache ist die Kritik des Generalstaatsanwalts im übrigen nicht berechtigt, denn aus den Sachverständigengutachten, die Grundlage der Entscheidung des Landgerichts vom 21. Dezember 1992 waren, ging bereits hervor, daß sich der Krebs von Herrn Honecker bedrohlich nahe an die Leberpforte herangearbeitet hatte und daß mit diesem todkranken Mann ein solches Großverfahren nicht werde zu Ende geführt werden können. Dementsprechend hat auch das Kammergericht in seinem Beschluß vom 28. Dezember 1992 deutlich Kritik an der Entscheidung des Landgerichts vom 21. Dezember 1992 geübt, wenngleich es daraus die notwendigen Folgerungen, insbesondere der Haftentlassung nicht gezogen hat."

17. Dezember 1992:

Die Honecker-Anwälte wiederholen aufgrund eines neuen Gutachtens über die stark begrenzte Lebenserwartung ihres Mandanten die Forderung nach Einstellung des Verfahrens.

29. Dezember 1992:

Verfassungsbeschwerde gegen die Fortdauer der Haft.

7. Januar 1993:

Dringlichkeitsgutachten des behandelnden Haftkrankenhaus-Arztes wegen des sich rapide verschlechternden Gesundheitszustandes des Inhaftierten. Das Gericht trennt das Verfahren gegen Erich Honecker ab.

8. Januar 1993:

Das Landeseinwohneramt Berlin stellt E.H. einen Reisepaß der Bundesrepublik Deutschland aus, der - entgegen aller Gewohnheiten - nur eine Laufzeit von einem Jahr hat. Er war ab 7. Januar 1994 ungültig.

12. Januar 1993:

Noch vor einer weiteren Untersuchung wird mitgeteilt, daß das Verfahren gegen Erich Honecker eingestellt wird.

WOFÜR ER VERANTWORTUNG ÜBERNAHM

1. Dezember 1989

An die Zentrale Parteikontrollkommission: „...Bereits am 14. November 1989 habe ich mich in einem Brief an den Generalsekretär des ZK der SED, Gen. E. Krenz, mit der Bitte gewandt...

In diesem Brief erklärte ich, daß ich ebenfalls die volle Verantwortung für die entstandene Lage übernehme, die um so stärker ins Gewicht fällt, da ich die Funktionen des Generalsekretärs, des Vorsitzenden des Staatsrates und des Nationalen Verteidigungsrates über lange Zeit ausübte...

Zu den hauptsächlich benannten Problemen erkläre ich, daß der in der Politbürositzung gegen mich und andere erhobene Vorwurf, die kritische Einschätzung der ernsten Lage der Partei und im Land nicht geteilt zu haben, zutrifft. Dies tat ich in Verkennung der realen Lage...

Ich sehe die Ursache meiner Fehleinschätzung darin, daß ich das reale Leben im Lande in der letzten Zeit nicht unmittelbar wahrnahm. Ich täuschte mir etwas vor und ließ mir oft etwas vortäuschen bei Besuchen im Lande...

In diesen Tagen wird sehr oft die Frage gestellt, wer die Verantwortung für die jetzt entstandene Lage in der DDR trage. Darauf, die kollektive und persönliche, habe ich bereits... geantwortet. Wie dies geschehen konnte, bedarf selbstverständlich einer eingehenden Analyse über das, was wir richtig gemacht haben, was falsch war und auch dessen, was aufgrund der gegenwärtigen Lage noch nicht eingeschätzt werden kann...

Dabei war für alle klar, daß wir - so sehr es auch schwerfiel, das einzugestehen - über unsere Verhältnisse gelebt haben. Zwar hatten wir in den letzten 20 Jahren eine große Steigerung des Nationaleinkommens, aber die Akkumulationsrate für die produzierenden Bereiche sank auf ein unzulässig niedriges Niveau...

In meinem Brief vom 14. November verwahrte ich mich - und das möchte ich an dieser Stelle noch einmal mit Nachdruck tun - gegen den inzwischen mehrfach erhobenen Vorwurf des 'Macht- und Amtsmißbrauchs'. Zu keiner Zeit meiner Tätigkeit in Partei und Staat sind meine Handlungen, deren oberstes Gebot immer das Wohl unseres Volkes war, mit diesen Vorwürfen in Verbindung zu bringen. Dies erklärte ich in voller Verantwortung für begangene Fehlentscheidungen, die ich in meinen ehemaligen Funktionen mit zu tragen habe...

Zu den wachsenden Verbindlichkeiten im NSW muß man sagen, daß ein bedeutender Teil davon produktiv und langfristig angelegt ist... Ein zweiter Teil, ungefähr 50 Prozent der Verpflichtungen, ergibt sich aus Importen von Getreide und Konsumgütern. Sie kamen vor allem in jener Zeit zustande, in der wir über einen Zeitraum von 3 bis 4 Jahren jährlich Millionen Tonnen Getreide einführen mußten, um die Versorgung der Bevölkerung mit Brot zu sichern und den Viehbestand zu erhalten...

Die eingetretene Krise in der DDR, die großen Disproportionen in der Volkswirtschaft und die in Verbindung damit aufgetretenen Begleiterscheinungen in der Versorgung wurden in den Oktobertagen immer offensichtlicher. Es bedurfte, wie es im Entwurf des Aktionsprogramms der SED zum Ausdruck kommt, erst der friedlichen Massenproteste der Bevölkerung, der Willensbekundungen vieler politischer Organisationen, des Wirkens kirchlicher Kreise und des wachsenden Drucks in der eigenen Partei, um die

Erneuerung des Sozialismus auf die Tagesordnung zu stellen..."

1. März 1990

„Der Unterzeichner dieser Erklärung weist bei aller Verantwortung, die er und andere für die kritische Situation, in der sich unser Land an der Schwelle der 90er Jahre befindet, die gegen ihn erhobenen Anschuldigungen zurück. Er betrachtet die Kriminalisierung der Politik des ehemaligen Staatsoberhauptes der DDR als absurd...

Ich habe mich aus ehrlicher Überzeugung zu den in meiner Partei, der SED, und in unserer Gesellschaft gemachten Fehlern bekannt. Es ist an der Zeit, genauer zu definieren, was ich darunter verstehe. Erstens habe ich nicht rechtzeitig, nicht umfassend und realistisch eingeschätzt, daß es bis in die Reihen der Partei Unzufriedenheit über die mangelnde innerparteiliche Demokratie, über ungenügende Offenheit über die Probleme der Wirtschaft, Versorgungsengpässe, zu den Fragen einer notwendig gewordenen tiefergreifenden Demokratisierung der Gesellschaft und anderes gab.

Zweitens muß ich aus heutiger Sicht feststellen, daß die ideologische und propagandistische Arbeit unserer Medienpolitik nicht den Ansprüchen und den Erfordernissen unserer Zeit entsprach. Drittens. Für die Bürger der DDR wurde immer unverständlicher, daß die unter damaliger Sicht vorgenommenen Reiseerleichterungen (5 bis 7 Millionen Bürger konnten in die BRD und nach Berlin-West reisen) nicht von unnötiger Bürokratie befreit, erleichtert und erweitert wurden. Die aus damaliger Sicht noch bestehenden Beschränkungen im Reiseverkehr wurden immer mehr als die Einschränkung der Kontakte zwischen den Menschen empfunden...

Ich sehe eine Ursache für Irrtümer, eine Ursache auch für den Verlust an Identität vieler Menschen mit dem Sozialismus, nicht zuletzt darin, daß in den letzten Jahren die Geschichte des Sozialismus nicht objektiv bewertet wurde. Mehr noch, daß die Unvollkommenheit einer noch jungen Gesellschaftsordnung mit ihren Widersprüchen nicht allseitig dargestellt wurde und die Irrtümer und ernsten Fehler, die auf dem Wege in eine neue Gesellschaftsordnung gemacht wurden, auf eine Weise ins Bewußtsein gerückt wurden, daß die Errungenschaften und Ideale des Sozialismus als Alternative für die Menschheit überhaupt in Frage gestellt wurden. Das schließt ein, daß wir es offensichtlich noch nicht vermochten, unsere sozialistischen Ideale in jeder Hinsicht für den einzelnen erlebbar zu machen. Wenngleich wir aber feststellten, daß der Sozialismus sich noch in einem unvollkommenen Stadium befindet und so auch objektiv dem Erstrebenswerten Grenzen gesetzt sind. Es stellt sich die Frage, wie ein demokratischer Sozialismus heute und in Zukunft aussehen kann und muß. Soll doch das bereits Erreichte, sein Fundament, nicht ins Wanken geraten, ist es sicher notwendig, höhere wirtschaftliche Effektivität, Mitbestimmung und -verantwortung der Arbeiter, der Bauern, der Intelligenz, der Jugend, der Frauen, aller Bürger umfassender im täglichen Leben real auszugestalten, Leistungsprinzip und soziale Sicherheit in Übereinstimmung zu bringen und zu garantieren, das geistige Leben tiefer, umfassender zu entwickeln, Toleranz, Achtung vor den anderen und sich selbst zu einem bestimmten Wert zu entwickeln...

Meine Überzeugung bleibt die eines Marxisten, eines Kommunisten, der mit Sozialdemokraten und vieler anderen Parteilosen, Juden und Christen und Menschen aus allen sozialen Schichten durch das Feuer des antifaschistischen Widerstandskampfes gegangen ist, nämlich, daß trotz unterschiedlicher Weltanschauung die Menschheitsideale einer befreiten, friedlichen Welt noch nicht ohne Kampf erreichbar sind. Es wäre eine Grundtorheit unserer Epoche, den Sozialismus zu verteufeln...

Zu einigen Punkten der Anklage: Ich besitze weder auf Schweizer Banken noch auf anderen Banken des Auslandes private Konten, auch keine Konten, über die ich privat verfügen konnte und kann. Ich besitze ein Sparkonto auf der Stadtsparkasse Berlin. Wenn durch die Staatsanwaltschaft noch nicht geschehen, erstatte ich Anzeige gegen Unbekannt, der, wie bereits nachgewiesen, ein Konto auf einer Schweizer Bank, das nicht existiert, in der Höhe von 367.534.192 Schweizer Franken und 12 Rappen mir als persönliche Bereicherung unterstellt - ich verlange die öffentliche Richtigstellung dieser unerhörten Verleumdung..."

Mai 1992

„...Vieles haben, wir aus eigener Kraft geschaffen, vieles waren wir zu leisten imstande dank auch der Hilfe der Sowjetunion. L.I. Breshnjew hatte vollkommen recht, als er zu mir am 28. Juli 1970 in Moskau im Krankenhaus, wo er sich zu einer Operation befand, sagte: 'Vergiß nie, die DDR kann ohne uns, ohne die Sowjetunion, ihre Macht und ihre Stärke, nicht existieren, ohne uns gibt es keine DDR. Die Existenz der DDR entspricht unseren Interessen, den Interessen aller sozialistischen Staaten. Sie ist das Ergebnis unseres Sieges über Hitlerdeutschland. Deutschland gibt es nicht mehr, das ist gut so. Es gibt die sozialistische DDR und die Bundesrepublik.'

Ich habe das nie vergessen...

Nicht alles ist heute schon klar, aber natürlich steht die Frage im Raum: Hatte der Sozialismus Mängel, haben wir, habe ich Fehler gemacht? Ja, das haben wir, das habe ich... In einer Stellungnahme... habe ich erklärt: 'Ich übernehme die volle Verantwortung für die entstandene Lage, die um so stärker ins Gewicht fällt, da ich die Funktion des Generalsekretärs, des Vorsitzenden des Staatsrates und des Nationalen Verteidigungsrates über lange Zeit ausübte...' Weiter erklärte ich, daß der in der Politbürositzung gegen mich und andere erhobene Vorwurf, die kritische Einschätzung der ernsten Lage in der Partei und im Land nicht geteilt zu haben, zutrifft.

Und im März 1990. nachdem manches schon weiter gereift war, hatte ich dann detaillierter definiert, was ich für die Kardinalfehler in der Politik der SED und von mir persönlich halte:

- Erstens habe ich nicht rechtzeitig, nicht umfassend und realistisch eingeschätzt, daß es bis in die Reihen der Partei Unzufriedenheit über die mangelnde innerparteiliche Demokratie, über ungenügende Offenheit über die Probleme der Wirtschaft, Versorgungsengpässe, zu den Fragen einer notwendig gewordenen tiefgreifenden Demokratisierung der Gesellschaft und anderes gab.

- Zweitens muß ich aus heutiger Sicht feststellen, daß die ideologische und propagandistische Arbeit unserer Medienpolitik nicht den Ansprüchen und den Erfordernissen der Zeit entsprach.

- Drittens: Für die Bürger der DDR wurde immer unverständlicher, daß die unter damaliger Sicht vorgenommenen Reiseerleichterungen nicht von unnötiger Bürokratie befreit, erleichtert und erweitert wurden.

Ich wiederhole: Das erklärte ich bereits im März 1990!

... Dabei muß man natürlich berücksichtigen, daß die Errichtung einer neuen Gesellschaft ungeheuer viele neue Fragen aufwirft und nicht alle wurden rechtzeitig und richtig in Angriff genommen. Zu spät wurde zum Beispiel im gesamten sozialistischen Lager die Herausforderung durchschaut, die uns aus der wissenschaftlich-technischen Revolution, aus der raschen Entwicklung der Hochtechnologie in einigen wenigen fortgeschrittenen kapitalistischen Ländern erwuchs. Vor allem wurde in der Praxis in den meisten sozialistischen Ländern zu spät darauf reagiert.

Auch das durch Reklamefeldzüge und diverse andere Methoden verstärkte Konsumdenken fand nicht rechtzeitig unsere gebührende Aufmerksamkeit. Der verständliche Ärger über die sogenannten Mangelwaren - ich denke nur an Ersatzteile - erschwerte den Alltag, und nicht zuletzt hatte der Wunsch vor allem der jungen Generation, die Welt kennenzulernen, eine erhebliche politische Sprengkraft.

Nicht alle, aber viele dieser Probleme wären bei größerer Konsequenz lösbar gewesen. Es steht also völlig außer Frage, daß wir in 40 Jahren keineswegs nur Erfolge erzielt haben, sondern daß sich auch große Mängel in der Arbeit zeigten. Sie haben dazu geführt, daß eine beträchtliche Anzahl von Bürgern die DDR nicht bewußt als ihr Vaterland verstand. Aber es ist auch eine der infamsten Legenden der jetzigen politischen Sieger, so zu tun, als hätten wir nur Fehler gemacht...

Der totale Verriß der DDR konzentriert sich besonders auf die Fragen der Wirtschaft und der Demokratie. Dazu wäre folgendes zu sagen: ... Es gab Strukturprobleme, Fragen der Investpolitik waren herangereift, eine andere Verteilung der Investitionen wurde erforderlich. Es gab in unserer Wirtschaft Schwerfälligkeiten, das ewig ungelöste Problem der Zubringerproduktion, Diskontinuität, Materialschwierigkeiten, die Schwerfälligkeit, auf bestimmten Bedarf zu reagieren. Es war erkannt, daß es ein Fehler war, die kleinen Betriebe so stark in den Kombinaten zu konzentrieren. Wir korrigierten nicht rechtzeitig. Es gab Preisprobleme und es gab vernünftige Ausarbeitungen, wie sie zu lösen wären, wir zögerten, konkrete Schritte einzuleiten. Versorgungslücken waren auf Rückstände in unserer Leichtindustrie zurückzuführen, die nicht die erforderlichen Investitionen erhielt... Die Fragen der wissenschaftlich-technischen Revolution, ihre Konsequenzen, es war klar, daß unser Konzept dazu weiter ausgearbeitet werden mußte... die Decke war zu kurz, die wir zum Verteilen hatten. Die wirtschaftliche Kooperation und Spezialisierung im Westen war weit fortgeschritten, aber der RGW funktionierte nicht, schon gar nicht in Bezug auf die neuen Fragen, die mit der wissenschaftlich-technischen Revolution in der neuen Phase zusammenhingen. Die Probleme verschärften sich mit der besonders nach 1985 aufgetretenen Schwächung der sowjetischen Wirtschaft. Wir waren abhängig und wir haben es schwer verkraftet, als die Reduzierung der Erdöllieferungen nicht rückgängig gemacht, die Lieferungen verschiedener Rohstoffe gekürzt wurden, die wir schon immer im Werte von 1,6 bis 2,1 Milliarden Valuta von der Sowjetunion bezogen... mußte ich mich in einem Brief an das Politbüro der KPdSU wenden, daß die einseitige Reduzierung der Öllieferungen von 19 Millionen Tonnen auf 17 Millionen Tonnen die Gefahr in sich birgt, die DDR zu erschüttern. Hinzu kam die Einstellung der Getreidelieferungen der Sowjetunion in Höhe von jährlich 3 bis 4 Millionen Tonnen, die wir im Wert von 2,3 Milliarden Valuta im Westen kaufen mußten...

Gab es Schematismus, Dogmatismus in unserer ideologischen Arbeit? Ja, das gab es..."

Offizielles Treffen mit BRD-Bundeskanzler Kohl in Bonn 1987

Ansprache auf dem Flughafen Santiago de Chile nach der Landung.

13. Januar 1993:

Die Zahlstelle der Justizvollzugsanstalt Moabit übermittelt Erich Honecker den Kontoauszug Nr. 26, aus dem hervorgeht das er 1409,54 DM bei sich hatte, als er eingeliefert wurde, 201,64 DM während seiner Haftzeit ausgab - davon 2,00 DM für Briefmarken - und bei seiner Entlassung 1217,20 DM ausgezahlt bekam. Er wird in der Nähe des Flughafens Tegel in einer stark gesicherten Kaserne bis zum Abflug seiner Maschine festgehalten.

Landung in Santiago de Chile. E.H. verliest eine Erklärung, die er im Flugzeug geschrieben hat: „Es fällt mir schwer, jetzt auszudrücken, was mich bewegt. Hinter mir liegen seit Juli 1989 viele Krankenhausaufenthalte und mehr als fünf Monate Gefängnishaft. Gleich zu Beginn dieser Zeit erhielt ich Kenntnis vor meiner unheilbaren Krankheit. Gestärkt hat mich die Solidarität vieler meiner Landsleute und von Freunden und Genossen aus aller Welt. - Ich habe nicht mehr geglaubt, daß ich meine Frau, die auch meine tapfere und treue Mitstreiterin ist, noch einmal wiedersehen würde. Damit erfüllt sich mein letzter persönlicher Wunsch. Ich danke dem chilenischen Volk und seiner Regierung dafür, daß sie mir diesen Wunsch erfüllen."

Tausende Chilenen waren gekommen, um ihn zu empfangen. Die Ärzte hatten bereits vor der Landung entschieden, dass er ohne jeden Aufenthalt ins Krankenhaus transportiert werden müsse. Die Menge hatte Verständnis dafür.

15. Januar 1993:

Entlassung aus der Klinik „Las Condes".

26. Januar 1993:

Landgericht Berlin an E.H. in Chile: „In der Strafsache gegen Sie... hat das Kammergericht am 13. Januar 1993 die Einstellung des Verfahrens aufgehoben. Der Tenor dieses Beschlusses ist Ihnen noch unmittelbar vor Ihrem Abflug übergeben worden. Mehrere Prozeßbeteiligte haben die Fortsetzung der Hauptverhandlung beantragt. Dementsprechend ist Termin zur Fortsetzung der Hauptverhandlungen für den 8. Februar 9.30 Uhr im Saal 500 des Kriminalgerichts... anberaumt worden. Für den Fall, daß Sie zu diesem Termin nicht erscheinen und die Kammer Ihr Ausbleiben als eigenmächtig bzw. nicht genügend entschuldigt ansehen würde, bestünde die Möglichkeit... des Erlasses eines erneuten Haftbefehls. Boß, Richter am Landgericht."

29. Januar 1993:

Antwort E.H.: Ich werde definitiv nicht erscheinen.
Als Begründung gibt er die medizinischen Befunde an.

30. Januar 1993:

Beim Generalstaatsanwalt des Berliner Landgerichts geht eine Strafanzeige der Honecker-Anwälte gegen den medizinischen Gutachter Prof. Peter Neuhaus und die Justizsenatorin Prof. Jutta Limbach ein wegen des Verdachts der Verletzung von Privatgeheimnissen und wegen des Verdachts der Anstiftung dazu. „Der Verdacht gegen die beiden Beschuldigten ergibt sich aus folgenden Umständen:... Nachdem am Mittag des 12. Januar 1993 der Verfassungsgerichtshof des Landes Berlin entschieden hatte, daß... durch eine weitere Fortsetzung des Prozesses das Grundrecht der Menschenwürde unseres Mandanten verletzt werde, und nachdem Herr Dr. Rex... mitgeteilt hatte, daß die geplante erneute Untersuchung seiner Auffassung nach... eine unnötige Quälerei darstelle, wurde... die Untersuchung abgesetzt... Herr Dr. Rex begab sich mit dem Beschuldigten zu 1 (Prof. Neuhaus, in der Folge auch so wiedergegeben. A.d.A.) nach Moabit und fragte Herrn Honecker..., ob er bereit wäre, ein ärztliches Gespräch unter ärztlicher Verschwiegenheitspflicht zu führen. Prof. Neuhaus wollte mit ihm nicht als gerichtlich bestellter Sachverständiger sprechen... Herr Honecker, dem die Teilnahme an dem Gespräch zunächst widerstrebte, willigte nach erneuter Zusage, daß es sich um ein rein ärztliches Gespräch handeln würde, ein... Nach Abschluß dieses Gesprächs soll Prof. Neuhaus sich bemüht haben.., den Inhalt Dritten gegenüber mitzuteilen. Er soll sich alsdann an den Innensenator, Herrn Prof. Heckelmann, gewandt haben, der ihn an Prof. Jutta Limbach weiterverwiesen habe... Es besteht der Verdacht, daß Prof. Limbach alsdann über den Inhalt dieses Gespräches der Staatsanwaltschaft bei dem Kammergericht Mitteilung gemacht hat... Auf jeden Fall soll am 13. Januar 1993 bereits mit den Informationen von Frau Prof. Limbach versehen, Herr Oberstaatsanwalt Jahntz bei Herrn Chefarzt Rex angerufen haben und versucht haben eine Bestätigung über die Tatsache des Gesprächs und dessen Inhalt zu erhalten... Da Herr Dr. Rex sich zunächst weigerte, die erwünschten Auskünfte zu geben, soll Herr Jahntz auch etwas massiver geworden sein... Kurze Zeit nach dem Telefonat rief Oberstaatsanwalt Jahntz beim Richter am Landgericht Abel an... Herr Honecker könne sich gefahrlos operieren lassen und man könne weiterprozessieren."

4. März 1993:
Aus Berlin wird ein Gutachten angefordert, das über seine Vernehmungsfähigkeit befinden soll.

6. März 1993:
Bluttransfusion in der chilenischen Klinik.

9. März 1993:
Eine weitere Computeruntersuchung findet statt.

25. April 1993:
Die Staatsanwaltschaft beim Landgericht Berlin teilt den Honekker-Anwälten mit, daß das Verfahren gegen die Justizsenatorin Limbach eingestellt worden sei und gegen Prof. Neuhaus keine Klage erhoben werde, nachdem er „insgesamt 10.000 DM an ver-

schiedene gemeinnützige Organisationen" gezahlt habe. Begründung: „Die Schuld des Täters ist als gering anzusehen."
Nicht bestritten wird also von Oberstaatsanwalt Thiele, daß Prof. Neuhaus als „Täter" anzusehen ist. Hätte er ein Verfahren gegen die Justizsenatorin Jutta Limbach eingeleitet, hätte er mit größerem Ärger rechnen müssen, denn die wurde kurz darauf als Präsident des Bundesverfassungsgerichts berufen.

12. Juli 1993:
Die Republik Chile bestätigt mit dem Zertifikat 5503 die Aufenthaltsgenehmigung Erich Honeckers. Als Berufsbezeichnung wird eingetragen: „Ex-Presidente".

15. September 1993:
E.H. muß zu einer weiteren Bluttransfusion in die Klinik gefahren werden.

5. Dezember 1993:
E.H. wird wieder in die Klinik eingeliefert. In den Tagen darauf wird ihm ein Herzschrittmacher eingesetzt und eine Sonde implantiert, um ihn künstlich ernähren zu können.

5. April 1994:
Das Landgericht Berlin beschließt, das Verfahren gegen E.H. nur vorläufig einzustellen. Aus der Begründung: „Nachdem das Kammergericht am 13. Januar 1993 auf die Beschwerden der Staatsanwaltschaft bei dem Kammergericht und der Nebenkläger... den Beschluß des Landgerichts Berlin vom 12. Januar aus formalen Gründen aufgehoben hat, hat das Landgericht das Verfahren am 7. April 1993 eingestellt... In Übereinstimmung mit der Staatsanwaltschaft bei dem Kammergericht ist die Kammer der Auffassung, daß sich derzeit eine endgültige Verhandlungsunfähigkeit nicht mit Sicherheit feststellen läßt... Das Gutachten vom 11. Januar 1993... das die Feststellung enthält, der Angeklagte sei weder jetzt noch künftig... als ver-

handlungs- und haftfähig anzusehen... ist nicht aussagekräftig. Die heutigen Verhältnisse unterscheiden sich von den seiner-zeitigen wesentlich. Der Angeklagte lebt in Freiheit bei se nen Familienangehörigen und hat sich laut Presseberichten e nen Herzschrittmacher einsetzen lassen. Es kann daher nur eine *vorläufige* Einstellung des Verfahrens erfolgen..."

Diese am 22. März 1994 getroffene Entscheidung der Straf-kammer 27 unter Richter Bräutigam, bekräftigte, dass die Kammer entschlossen war, das Verfahren fortzusetzen. Die Hatz war also noch immer nicht beendet.

17. April 1994:

Die Ärzte diagnostizieren eine weitere Verschlechterung seines Gesundheitszustandes und verordnen künstliche Beatmung in gewissen Situationen.

27. April 1994:

Sein letzter Brief:

                                        Santiago, d. 27.4.94
Lieber Otto[32],
wir erwidern ganz herzlich Deine Grüße aus Wien. Regel-mäßig erhalten wir Eure Club-Information und lesen sie mit großem Interesse. Wir freuen uns, daß Du so gute Kontakte zu den Genossen in Deutschland hast, besonders zu Heinz. Die politischen Ereignisse der letzten Zeit, die sozialen Krisen, der gefährdete Frieden, die zuneh-mende Kriegshetze, der Kampf der Mächtigen um die Neu-aufteilung der Interessensphären in der Welt und nicht zuletzt die Gefahr des Faschismus, alles das fordert, daß die Kommunisten ihre Reihen fester schließen. Denn ohne dies wird es sehr schwer sein, eine breite Links-front zu schmieden. Lieber Otto, wir verstehen Deinen Zorn. Aber es ist wohl so, daß in bestimmten zugespitz-ten Situationen des Kampfes auch einige der unseren schwach werden, sich gar abwenden oder sich ganz ein-fach nicht mehr zurecht finden. Leider ist es meist zum Schaden unserer Sache.

Umso mehr fällt ins Gewicht, daß es von Anfang an standhafte Genossen gab, zu denen Ihr zählt, die klar gesehen haben und die wußten, daß in dieser Situation Solidarität ein Gebot der Stunde war. Es ist für niemanden zu spät, sich wieder in diese Front einzureihen. Die Solidarität muß und wird weiter gehen, denn der antikommunistische Feldzug ist noch nicht zu Ende, wie die Dinge liegen, und der Kampf für Frieden, gegen Faschismus und für die Rechte der Arbeiterklasse wird und muß weitergehen. Wir grüßen Dich herzlich. Viele Grüße an die Genossen.

Erich u. Margot

29. Mai 1994:

Um 8.20 Uhr stirbt Erich Honecker in seiner Wohnung im Stadtteil La Reina in Santiago de Chile. Die Todesurkunde 103/1994 trägt die Unterschrift von Ramon Candia Morales.

BEILEID

ANONYM: Aufrichtige Anteilnahme entbietet Ihnen und Ihrer Tochter ein Mann aus Hannover. Leider kann ich meinen Namen nicht nennen, da ich sonst um meinen Arbeitsplatz fürchten muß. Es ist schade, daß es die DDR nicht mehr gibt. In einer Rundfunksendung von Radio Niedersachsen hörte ich unlängst eine ehemalige DDR-Bürgerin sagen: „Bei Erich hatte jeder ein Dach über dem Kopf und ein Stück Brot in der Hand." Ich wünsche Ihnen alles Gute für die Zukunft. +++

WILLI SITTE: Liebe Margot, mir gelang es, Deine Anschrift in Chile zu besorgen; denn ich habe das aufrichtige Bedürfnis, Dir ein paar freundschaftliche Worte zu übermitteln und mein tiefes Mitgefühl am Tode von Erich zu bekunden. Tröstung, so hoffe ich, hast Du umfangreich erhalten, so daß Du in dieser Beziehung auf meinen Beistand nicht angewiesen bist. Dich, liebe Margot, möchte ich vielmehr wissen lassen, daß es nach wie vor Menschen aus dem sogenannten früheren „DDR-Unrechtsstaat" gibt, die all das Gute der sozialistischen Gesellschaftsordnung nicht vergessen haben und gern daran zurückdenken. Ich tue das oft und habe auch keine Veranlassung, irgend etwas aus der Vergangenheit zurückzunehmen. In diesem Sinne setze ich auch meine künstlerische Arbeit unbeirrt und kontinuierlich fort, zum Glück mit Erfolg, allerdings nur in den alten deutschen Bundesländern.

ANONYM: Erichs Leben war bestimmt nicht umsonst. Sicher werden noch Jahre vergehen, bis die Menschen begreifen, was sie an Erich hatten. Leider ist die Freiheit und Demokratie heute so ausgeprägt, daß man fürchten muß, seinen Namen zu nennen, damit man seine Arbeit nicht verliert. Deshalb anonym aber nicht weniger herzlich und aufrichtig D.E. aus N.

RECHTSANWALT: Einer der Anwälte, die ihn verteidigten: „Sehr verehrte Frau Honecker, Ich hoffe, daß für Sie, wenn Sie dieser Brief erreicht, die schwersten Tage schon vorüber sind. Ich weiß aus eigener Erfahrung, daß ein Ereignis, mit dem man so gerechnet hat, wenn es dann eintritt, trotzdem große Erschütterung hervorruft. Meine Hoffnung ist, daß Sie beiden in den eineinviertel Jahren Chile doch noch ein paar angenehme und entspannte Stunden hatten und daß nicht alles nur Überlebenskampf und Erbitterung war. Ich habe Ihren Mann erst kennengelernt, als er keine Macht mehr besaß und intensiv erst in Moabit mit ihm gesprochen. Daß wir politisch verschiedener Meinung in vielen Fragen waren, hat ihn nicht gestört, eher manchmal seine Kampfeslust geweckt. Was mich sehr an ihm beeindruckt hat, war, daß er im Gefängnis nicht wehleidig war, daß er mit einer natürlichen Würde im Pyjama durch die Hallen des Gefängniskrankenhauses lief, mit allen gut auskam und auch schnell herausbekommen hatte, welche Wärter aus alten sozialdemokratischen Familien stammten. Was ihm sehr zu schaffen machte, war, daß ihm zum Schluß die Kraft fehlte im Prozeß zu kämpfen, wie es aus seiner Jugendzeit gewohnt war und wie er es auch fast selbstverständlich von sich erwartete. Der Rede vor Gericht, die er mit großen Anstrengungen vorbereitet hatte, konnten auch seine Gegner den Respekt nicht versagen.

TELEGRAMME, DIE IN CHILE EINGINGEN: Aus Deutschland: DKP, Rolf Priemer, Heinz Stehr; KPD, Werner Schleese, Vorsitzender.

Argentinien: KP, Patricio Echegaray, Generalsekretär; Alexander-von-Humboldt-Kommission.

Belgien: Partei der Arbeit, Herwig Leoruge.

Columbien: KP, Alvaro Vasquez del Real, Generalsekretär.

Costa Rica: Volkspartei, Humberto Vargas Carbonell, Koordinator der Partei.

Cuba: Fidel Castro Ruz, Staatschef und Erster Sekretär des Zentralkomitees.

Frankreich: Solidaritätskomitee Erich Honecker.

KVDR: Kim Il Sung, Präsident der Republik.

Niederlande: Bund der Antifaschisten.

Mexico: Partei der Volkssozialisten, Professor Luis Miranda Resentlitz, Generalsekretär.

Nicaragua: Sandinisten, Henry Ruiz, Kommandant.

Österreich: KP, Franz Muhri, Vorsitzender.

Peru: KP, Jorge del Prado, Generalsekretär.

Philippinen: KP, Pedro Bacuisia, Generalsekretär.

Polen: Bund der Polnischen Kommunisten, Zbigniew Wiktor, Vorsitzender.

Rußland: Kommunistische Partei der Russischen Föderation.

Schweden: Kommunistische Arbeiterpartei, Rolf Hacel, Präsident.

Syrien: KP, Khaled Bagdash, Generalsekretär.

Tschechien: Milos Jakes, letzter Generalsekretär der KP der Tschechoslowakei.

Vietnam: KP, Pham Van Dong, Sekretär.

Auskünfte vermitteln gemeinhin Kenntnisse, schließen zuweilen Wissenslücken, werden deshalb oft geschätzt. Es wurde viel getan - zuweilen Schwerstarbeit geleistet - um das Bild Erich Honeckers durch falsche Auskünfte zu trüben, wobei es vor allem darum ging, das Bild der sozialistischen DDR zu aus den Köpfen zu treiben. Es regelrecht zu demolieren, war ein offen erklärtes Ziel der Obrigkeit. In den Medien wetteifern sie heute noch um die verlogensten Versionen.

Während andere sich gern darauf beriefen, auf „höhere Weisung" gehandelt zu haben und alles ganz anders angepackt hätten, wenn man sie nur gelassen hätte, sah sich Erich Honecker plötzlich ziemlich allein und beladen mit aller „Schuld". Die Szene wurde zum Paradoxon: Zum einen hatte sich der Sozialismus - nach den offiziellen Verlautbarungen - als untaugliches Gesellschaftsmodell erwiesen, zum anderen warf man Honecker „Fehler" vor, die - logische Folgerung -, hätte er sie nicht begangen, den Sozialismus vielleicht doch noch tauglich gemacht hätten. Kaum jemand stutzte und warf die Frage auf, ob denn die Sieger und ihre Mediensoldaten etwa an einem erfolgreichen Sozialismus interessiert gewesen wären.

Viele standen vor den Scherben ihrer vierzigjährigen Arbeit, und man verstand, dass sie bitter grollten. Manche wechselten hurtig die Seite und hatten nicht zuletzt Erfolg dabei, weil ihnen die DDR eine respektable Ausbildung hatte zuteil werden lassen. Es gab Westkonzerne, die lange vor der Rückwende die Personalbögen und Gehaltslisten derjenigen in ihren Computern hatten, die sie sogleich anwarben. Wer helfen kann, Gewinn zu maximieren, wird fast nie nach seiner politischen Gesinnung gefragt.

Dann waren da welche, die schnell entdeckten, dass sich Gesinnungswechsel auszahlen kann. Wir haben den „Devisenpapst" Schalck-Golodkowski zitiert, der zwar nicht wusste, dass man gemeinhin promoviert und nicht promoviert wird, aber nun mit der Entdeckung habilitieren wollte, dass man auch ganz oben in der DDR dahinter kommen konnte, dass Sozialismus keine Zukunft hat.

Übrig blieb Honecker. Der wurde gejagt. Und auch betrogen von solchen, die darauf setzten, dass sich manipulierte Auskünfte von oder über ihn hoch dotiert vermarkten ließen. Andert und sein Prozess wurde schon erwähnt. Dessen faktisch gefälschter Text war vom DDR-Journal „Wochenpost" publiziert worden.

Aus Beelitz wandte sich Erich Honecker Ende November 1990 an einen seiner Rechtsanwälte: „Wie nicht anders zu erwarten war, ist die Reaktion auf die Veröffentlichung in der 'Wochenpost' nicht nur kontrovers, sondern einhellig negativ." Im gleichen Brief bekundete er, dass Richtigstellungen „unzweckmäßig" wären. Ein Angebot der BBC, ihn zu interviewen, wollte er annehmen, um vor der Kamera vielleicht manches korrigieren zu können. Der britische TV-Sender - hörte man in Insiderkreisen - bekam jedoch kalte Füße. Ein öffentlich-rechtlicher deutscher Sender übernahm den Part, und so kam es im Sommer 1991 in Moskau zu einem Gespräch vor der Kamera, in dem ihm auch die Frage gestellt wurde: „Was ist gescheitert? Der Sozialismus oder der Mensch E. Honecker?" Seine Antwort: „... es ist die schmerzlichste Erfahrung in meinem Leben, handelt es sich doch um die größte weltpolitische Niederlage der Arbeiterbewegung seit ihrer Existenz... meine persönlichen Gefühle... spielen... nur eine untergeordnete Rolle. Trotz der Niederlage sind viele Gleichgesinnte von der Gewißheit erfüllt, daß die Ablösung der kapitalistischen

Gesellschaft durch eine wie auch immer konkret ausgestattete sozialistische Gesellschaft unvermeidlich ist, weil sich Gesetzmäßigkeiten der Geschichte nicht auf die Dauer außer Kraft setzen lassen. Ich weiß, daß ich das nicht mehr erleben werde... Wir befinden uns in einer Periode, in der, wie zu keinem Zeitpunkt nach dem zweiten Weltkrieg, die Welt am Kreuzweg zwischen Krieg und Frieden steht. Das ist die harte Wahrheit, sie nicht zu sehen wäre tödlich."[30]

Darauf die Rückfrage des Reporters: „Das ist eine recht ernste Warnung und eine sehr weitgehende Behauptung" und Erich Honeckers Präzisierung: „Nicht zu übersehen sind die Krisengebiete, z.B. die akute Gefahr eines militärischen Konflikts auf dem Balkan, im Nahen Osten, die zu einer Initialzündung werden können. Aber auch solche Krisenherde in Asien und Lateinamerika, der Hunger und die Armut in der Dritten Welt bergen Sprengstoff, und nicht zuletzt muß man sehen: Ganz Deutschland ist Bestandteil der NATO, die Bundeswehr steht an der Oder, der Warschauer Vertrag ist tot, wohin kann diese Entwicklung führen. Zum Guten? Es fällt mir schwer dies zu glauben."[31]

Es folgte die Frage: „In Ihrem Wirken als Staatsoberhaupt der DDR sind Sie in vielen Teilen der Welt vielen Staatsoberhäuptern begegnet. Ihr Wirken für den Frieden ist anerkannt worden. Was halten Sie für besonders erwähnenswert?" Seine Antwort: „Ich möchte... kein Gespräch hervorheben, denn alle hatten zu ihrer Zeit Gewicht... Es ging aber immer um drei wesentliche Dinge: Erstens um die Wahrnehmung der Mitverantwortung für die Bewahrung des Weltfriedens für heute und künftig lebende Generationen. Nationales Anliegen der DDR war stets: Nie mehr Krieg von deutschem Boden. Die DDR verkörperte deutsche Friedenspolitik ohne Wenn und Aber und dies in allen Phasen der mitunter gefährlich zugespitzten Ost-West-Beziehungen. Das wurde von unseren Partnern in aller Welt anerkannt und gewürdigt."[32]

In dieser Frage wurden bis heute keine Zweifel laut. Die durchaus mögliche Lüge, die DDR hätte je einen Krieg im Sinn gehabt, war so kurzbeinig, dass sie bei allem Schwachsinn, der über diesen Staat und Honecker in Umlauf gebracht wurde, niemals aufkam. Wohl auch, weil Vergleiche zu den Regierungen der Nach-Honecker-Ära, die deutsche Soldaten in Kriege gehetzt haben, unausbleiblich gewesen wären.

Die Auskünfte über ihn in dieser Hinsicht sind von historischem Gewicht, und dagegen andere DDR-Mängel aufzuwiegen, bringt wenig. Zum Beispiel: Wer reisen wollte, hatte nie im Sinn, dies in Uniform und schwer bewaffnet zu tun...

Auch deshalb werden alle, die der Zielvorgabe folgen, Erich Honecker aus der jüngsten deutschen Geschichte zu eliminieren, auch künftig mit Axt und Meißel an seiner Biografie hantieren müssen.

Denn: Echte Auskünfte bringen sie in Not.

KRONZEUGEN

HEINZ KEßLER

Heinz Keßler - geboren 1920 in Lauban - gehörte zu seinen engsten Freunden.

SPOTLESS: Wann lernten Sie Erich Honecker kennen?

HEINZ KEßLER: Das war im Sommer 1945 bei einer Zusammenkunft mit Walter Ulbricht wurde er mir vorgestellt. Ulbricht empfahl bei der Besprechung, dass Erich Honekker mit der Leitung des Zentralen Ausschusses für Jugendfragen beauftragt wird. Ich sollte mich mit dem Hauptjugendausschuss des Berliner Magistrats beschäftigen. Die zuständigen Gremien bestätigten später diese Aufgabenverteilung. Obwohl wir uns bei dieser Gelegenheit das erste Mal sahen, spürten wir beide, dass wir uns gut verstehen würden. Dabei waren wir sehr verschiedene Charaktere, und auch unsere Biografien waren ja sehr unterschiedlich. Wir waren uns jedoch sofort einig darüber, dass es darum ging, die Folgen des Naziregimes zu überwinden. Heutzutage - das stelle ich oft fest - hat man verständlicherweise Mühe, sich die damalige Situation auch nur vorzustellen. Die Trümmer in den Straßen waren das eine, aber die Situation in den Köpfen ein mindestens ebenso großes Problem. Ein großer Teil der Jugendlichen hatte noch Wochen vorher im Volkssturm gegen den angeblich die Welt bedrohenden Bolschewismus gekämpft. Das ließ sich nicht mit ein paar Worten vergessen machen. Und unser Hauptanliegen war ja, nie wieder Krieg und alles für den Frieden.

SPOTLESS: Sie kamen also gut mit ihm zurande?

HEINZ KEßLER: Absolut. Wir lebten sogar gemeinsam in einer kleinen Wohnung, die man uns zugewiesen hatte.

SPOTLESS: Wo?

HEINZ KEßLER: Ganz in der Nähe der Wallstraße.

SPOTLESS: Und wie kam man unter einem Dach mit ihm zurande?

HEINZ KEßLER: Ganz gut. Unsere Probleme miteinander reduzierten sich auf Kleinigkeiten. Er trug einen Anzug, der aus steifem deutschen Offiziersuniformtuch geschneidert war. Den Stoff hatten uns die Sowjets geschenkt. Während ich zum Beispiel beim Saubermachen die Hose auszog, kroch er unter Tisch und Schrank und ruinierte sich dabei die Hose. Da gab es schon mal Streit. In jedem Fall: Er brauchte mehr Anzüge als ich, was allerdings niemanden zu dem Schluss verleiten sollte, dass er später hundert Anzüge im Schrank hängen hatte. Solch Verdacht entsteht schnell.

SPOTLESS: Und wie lief es in der Arbeit? Sie sagten schon, dass Sie sich gerade erst kennen gelernt hatten.

HEINZ KEßLER: Das war alles nicht einfach, und wir führten auch manch heftige Debatte über die einzuschlagenden Wege. Ich will mal sagen: Im Prinzip waren wir uns zwar einig, aber in den Details nicht immer.

Eine der allgemein anerkannten Schlussfolgerungen aus den Erfahrungen in der Jugendarbeit der Weimarer Republik war damals die Überzeugung, dass die junge Generation ohne Rücksicht auf die Weltanschauungen der Einzelnen gemeinsam ihre Interessen vertreten sollte. So entstand die Idee einer einheitlichen antifaschistisch demokratischen Jugendorganisation. Da gab es Übereinstimmung im Zentralen Jugendausschuss und auch in den Ausschüssen der Länder. Man wusste, dass sich in verschiedenen Ländern in der Emigration bereits Jugendgruppen gegründet hatten. Von Emigranten, die aus England heimkehrten, hörten wir, dass man dort eine „Freie

Deutsche Jugend" gegründet hatte. Der Name stieß bei allen auf Zustimmung. Eine blaue Fahne zu wählen, war Honeckers Idee, und das Symbol der aufgehenden Sonne stammte, wenn ich mich richtig erinnere, aus England. Bei all diesen Beratungen kamen Honecker seine Lebenserfahrungen zugute. Er hatte immerhin lange Jahre im Kommunistischen Jugendverband gearbeitet und kannte die Probleme.

SPOTLESS: Sie haben ja sicher nicht nur miteinander beraten und sich die Köpfe zerbrochen. Was tat sich in der Freizeit?

HEINZ KEßLER: In der ersten Zeit waren wir wirklich rund um die Uhr im Gange. Hatten wir mal eine Pause, schlug er nicht selten vor, eine Wanderung zu machen oder Partner für ein Volleyballspiel zu suchen, und außerdem waren wir begeisterte Skatspieler und verbrachten manchen Abend mit den Karten. Erich Honecker war da mit von der Partie, Robert Menzel, der später stellvertretender Verkehrsminister wurde, und ich saßen da oft zusammen.

SPOTLESS: Wie hoch waren die Einsätze damals?

HEINZ KEßLER: Das Geld war knapp, und es ging meist um die Hundertstel. Oft war es sehr turbulent. So turbulent, dass wir nicht selten Zuschauer hatten, vielleicht auch, weil wir nicht nur nach den Altenburger Regeln spielten. Wir wollten uns vergnügen und taten das beim Skat.

SPOTLESS: Konnte er auch verlieren oder wurde er dann knetig?

HEINZ KEßLER: Er konnte ganz gut verlieren, im Vergleich zu anderen. Ich will da keine Namen nennen. Er wollte wie jeder Skatspieler gewinnen, fand sich aber mit Niederlagen ab. Er war auch einer der Skatspieler, die hinterher die Fehler analysieren. Wie das eben so ist.

SPOTLESS: Können Sie sich erinnern, wann Sie das letzte Mal Skat miteinander gespielt haben?

HEINZ KEßLER: Nicht so genau, es könnte 1987 gewesen sein.

SPOTLESS: Nehmen wir mal an, jemand wäre damals zu Ihnen gekommen und hätte Sie aufgefordert, seinen Charakter mit wenigen Worten zu beschreiben...

HEINZ KEßLER: Er war zielstrebig, wusste genau, was er wollte. Und er verlor sein Ziel nicht aus den Augen, stritt, redete, versuchte den anderen zu überzeugen.

Vor der Gründung der FDJ wurde viel über die „Grundrechte der jungen Generation" diskutiert. Das waren das Recht auf Arbeit, das Recht auf Bildung für alle, unabhängig vom Geldbeutel der Eltern, das Recht auf freie kulturelle Betätigung, das Recht auf gleichen Lohn für gleiche Arbeit und andere der Jugend bisher verweigerte Rechte. Das geschah in einem Vorbereitungsausschuss, in dem die evangelische Jugend vertreten war, wenn ich mich richtig erinnere, Pfarrer Hanig, Vertreter der katholischen Jugend, ein gewisser Domvikar Lange, die sozialdemokratische Jugend mit Theo Wiechert. Alle hatten wir die Absicht, unsere Interessen durchzusetzen. Das galt ebenso für uns Kommunisten, wie für die anderen. Erichs Stärke war es, alle immer wieder zum Ausgangspunkt zurückzuführen, wenn wir uns dabei zerstritten hatten. Ich erinnere mich an eine der letzten Sitzungen, in der ich - aus heutiger Sicht höchst sektiererisch - wild gegen den Domvikar agitierte. Honecker erinnerte mich energisch daran, worum es eigentlich ging.

Imponierend war seine Kameradschaft. Wer diese Zeit erlebt hat, weiß, wie wir auch gehungert haben. Ich erinnere mich genau eines Abends, an dem meine Frau eine Mehlsuppe gekocht hatte, die sie mit blankem Wasser streckte für den Fall, das noch Besuch käme. Spät am Abend klingelte es. Sie sagte: „Ich muß noch mal Wasser reinkippen" und ging zur Tür. Da stand Erich und sie fragte ihn erstaunt: „Wolltest du heute nicht nach Mecklenburg fahren?" „War ich ja", antwortete er, „sie haben mir dort zehn Kilo Kartoffeln mitgegeben, und die will ich mit euch teilen." Das war nicht nur für uns ein Segen. Am nächsten Morgen ist meine Frau zu ihren Eltern und hat denen die Hälfte von unserer Hälfte gebracht.

SPOTLESS: Konnte er ausrasten?

HEINZ KEßLER: Ja, das konnte er. Wenn etwas beschlossen worden war und jemand das - aus welchen Gründen auch immer - ignorierte, wurde er scharf, ich würde sogar sagen patzig.

SPOTLESS: Sie haben ihn all die Jahre gekannt. Würden Sie sagen, dass sich sein Charakter im Laufe des Lebens verändert hat?

HEINZ KEßLER: Mit „ja" oder „nein" lässt sich das nicht beantworten. Von wem ließe sich das schon sagen. Jeder Mensch ändert sich. Aber wenn ich darüber nachdenke, würde ich behaupten wollen, dass sich die Grundzüge seines Charakters nicht geändert haben. Ich will mal versuchen, das an einem Beispiel zu erläutern. Sein Verhältnis zur Sowjetunion war sein Leben lang von Achtung und Begeisterung geprägt. Das Wort „Liebe" mag in diesem Zusammenhang hochtrabend klingen, dürfte hier aber durchaus am Platze sein. Sein Aufbaueinsatz in Magnitogorsk in jungen Jahren hat sein Leben mitgeprägt, und von all seinen späteren Reisen dürfte die Einladung dorthin in den späten achtziger Jahren für ihn eine der wichtigsten gewesen sein. Dabei war sein Verhältnis zur Sowjetunion keineswegs kritiklos. Als Gorbatschow seine Pläne umzusetzen begann, fürchtete er schon bald, dass die zu einer großen Gefahr für die Sowjetunion werden könnten. Er hat das allerdings nie offen gesagt. Und das hing nach meiner Meinung eben mit seiner Grundhaltung gegenüber der Sowjetunion zusammen. Er glaubte bis zum Schluss daran, dass sich jene Kräfte in der Sowjetunion zusammentun würden, die den richtigen Weg aus der schwierigen Situation finden würden.

SPOTLESS: Wie stand es um seine Ratgeber? Hat er seine Entscheidungen eher selbst getroffen oder sich auf die Hinweise anderer gestützt?

HEINZ KEßLER: Es ist genug darüber geredet und geschrieben worden, dass er angeblich einsame Entscheidungen traf. So lange ich Mitglied des Politbüros war, habe ich erlebt, dass er auf die Meinungen anderer Wert legte. Jeden seiner Artikel, jede Rede, die er zu halten gedachte, legte er dem Politbüro vor. Ich hatte nie Mühe zu verstehen, was er wollte und war in vielen Fragen mit ihm einverstanden. Es gibt einen einzigen Umstand, den ich nie nachvollziehen konnte, den ich mir auch nicht erklären konnte, obwohl ich ihn so gut kannte. Ich meine sein Verhältnis zu Günter Mittag. Aus dieser Meinung habe ich nie ein Hehl gemacht, denn Mittag war immer ein extrem egozentrischer Typ, eigenwillig, jede andere Meinung als seine eigene negierend. Es war da mancher, der Honecker das auch zu verstehen gab, aber er hielt ihn für den großen Fachmann auf ökonomischem Gebiet. Mittag mag manches Nützliche veranlasst haben, aber persönlich meine ich, dass er vieles zu verantworten hat, was unserer Sache und der Republik enorm geschadet hat.

SPOTLESS: Sie waren Verteidigungsminister der DDR und wussten demzufolge alles über die Raketenbeschlüsse. Befand sich Honecker mit seiner Forderung: „Das

124

Teufelszeug muß weg!" in Übereinstimmung mit den Sowjets?

HEINZ KEßLER: Als die BRD unter Helmut Schmidt gemeinsam mit den USA die Pläne der Stationierung von Mittelstreckenraketen - ich meine konkret Pershing I und Pershing II - auf deutschem Boden durchsetzten, war seine Auffassung: „Das muß um jeden Preis verhindert werden!" Die maßgeblichen Kreise der UdSSR entschieden damals bekanntlich, im Bereich des Warschauer Vertrages ein entsprechendes Gegengewicht zu schaffen und Mittelstreckenraketen in der Tschechoslowakei, in der DDR und auch in Polen zu stationieren. Erich Honecker war strikt dagegen. Sein Standpunkt lautete in etwa: Man muss mit allem Nachdruck gegen die Pershing kämpfen, aber das wird schwer, wenn man selbst Mittelstreckenraketen im eigenen Land stationiert hat. Hier stand er im Widerspruch zu Moskau, vor allem zum Verteidigungsminister Ustinow. Die sowjetische Führung hat sich mit der Begründung „Wir brauchen dieses Äquivalent" durchgesetzt, und die Führung der DDR musste dem schließlich zustimmen. Ich will nicht verhehlen, dass es natürlich auch Argumente für diese Stationierung gab. Er aber blieb bei seiner Auffassung: Die wichtigste Aufgabe besteht darin, um den Abzug der Mittelstreckenraketen zu kämpfen.

SPOTLESS: Es gab also - um einen Vergleich zur Gegenwart herzustellen - keine „uneingeschränkte Solidarität", wie sie der jetzige Bundeskanzler zu den amerikanschen Kriegsplänen bekundete.

HEINZ KEßLER: Das kann man so sagen.

SPOTLESS: Die Biografen, die über ihn schrieben, haben auch mit Geschichten nicht gegeizt, die sein Verhältnis zum anderen Geschlecht betrafen...

HEINZ KEßLER: Schwachsinn! Es ist die beliebte Methode etwas zu behaupten, von dem man hofft, dass etwas hängen bleibt, selbst wenn es widerlegt wird. So nach dem Muster: Irgendwas wird da schon gewesen sein.

Ich kann mir da ein Urteil erlauben, weil ich alle seine Frauen kannte. Die Erste war eine Aufseherin im Frauengefängnis Barnimstraße, wo er als Häftling das Dach gedeckt hatte. Dass man ihn aus Brandenburg dorthin geschickt hatte, war darauf zurückzuführen, dass alle Dachdecker an der Front waren. Dass man es nun so hinzustellen versucht, als hätten ihm die Nazis Vorteile verschafft, weil er mit ihnen kooperiert hatte, ist eine der vielen kleinen Lügen, die man über sein Leben erfand. Als er aus der Barnimstraße für ein paar Tage floh, weil er wohl glaubte, der Krieg wäre schon zu Ende, versteckte ihn die Mutter der Aufseherin Lotte Grund in ihrer Wohnung in der Landsberger Straße. Später lebte er bis zu deren Ableben mit Lotte Grund zusammen. Ich habe sie auch kennen gelernt. Sie wurde eine gute Genossin.

Dann kam der „Flug nach Osten", das war die erste Reise einer FDJ-Delegation in die Sowjetunion. Eines Tages besuchten wir Leningrad. Wir wohnten im Hotel. Abends fiel mir ein, dass ich noch etwas von ihm wollte, also ging ich zu seinem Zimmer. Er war aber nicht da. Als wir beim Frühstück saßen - man ist ja nicht blöd -, merkte ich, da war etwas zwischen Edith Baumann und ihm geschehen. Die Reise ging weiter und die Liaison auch. 1947 heirateten die beiden und waren bis 1953 zusammen, hatten auch eine Tochter. Dann trennten sie sich, hatten auch hinterher noch ein gutes Verhältnis miteinander. Eine Legende ist auch, dass Erich Honecker seine zweite Frau, also Margot Feist, von Halle nach Berlin geholt hatte. Das hatte ich veranlasst, ohne zu ahnen, dass die beiden eines Tages heiraten würden. Ich hatte dem FDJ-Vorsitzenden von Sachsen-Anhalt, Robert Menzel, mitgeteilt, dass wir die Margot dringend in Berlin brauchten. Der tobte, dass ständig seine besten Leute weggeholt würden, und beinahe wäre unsere Freundschaft an diesem Streit zerbrochen. Ja, also dann heiratete er Margot, da war Tochter Sonja schon da. Das war's in wenigen Sätzen.

Übrigens kannte ich auch seine Eltern gut. Wir verstanden uns glänzend. Der Vater war Bergarbeiter, und sie kamen hin und wieder im Sommer für zwei Wochen in die DDR. Ich habe ihm immer gesagt: Die Figur, das Äußere hast Du von Deinem Vater, den Verstand, das Feingefühl hast Du von Deiner Mutter. Das war eine wunderbare Frau. Mehr als einmal waren wir auch zusammen in Urlaub. Das waren schöne Tage mit den beiden Alten.

SPOTLESS: Wann haben Sie Erich Honecker das letzte Mal gesehen?

HEINZ KEßLER: Ich habe ihn in der Zeit einmal besucht, als er in Beelitz war. Ich war überrascht, wie ausgeglichen und gefasst er war. Er hatte keine Illusionen, was auf ihn noch zukommen würde, und hatte ziemlich klare Vorstellungen, was die DDR-Bürger erwartete.

Ich wurde bekanntlich im Mai 1991 auf ungesetzliche Weise verhaftet und danach in Moabit festgehalten. Dort kamen Vollzugsbeamte oft auf uns zu - manche sachlich, manche hämisch - und sagten: „Euren Honecker kriegen wir auch noch!"

Ich gestehe: Ich konnte mir nicht vorstellen, dass die Sowjetunion Erich Honecker an diese Neu-BRD ausliefern würde. Er war immerhin der Staatsratsvorsitzende eines Landes gewesen, mit dem die UdSSR durch zahlreiche Verträge verbunden war. Also antwortete ich unbekümmert: „Den bekommt ihr nie!"

Und dann eines Tages die schockierende Nachricht: Sie haben ihn ausgeliefert. Man brachte ihn nach Moabit. Es gab Vollzugsbeamte, die triumphierten, dass sie Recht behalten hatten, es gab aber auch welche, die die Entwicklung mit einer reservierten Skepsis sahen.

Erich Honecker war im Haftkrankenhaus untergebracht, und ich wurde eines Tages auch ins Haftkrankenhaus eingeliefert, nachdem ich mir einen Leistenbruch zugezogen hatte. Ich sah ihn von meinem Fenster aus während der Freistunde. Man hatte angeordnet, dass er die Freistunde allein zu verbringen habe, während wir sie mit anderen zusammen absolvierten. Er hatte sicher längst erfahren, dass ich auch in Moabit war, und sah deshalb auch zu den Fenstern hinauf. So nahmen wir Kontakt zueinander auf, durch Gesten und Zeichen, wie das eben durch ein verschlossenes Fenster möglich war. Das erste Mal sind wir uns zu Beginn des Prozesses begegnet. Fritz Streletz, er und ich waren in verschiedenen Blöcken der Justizvollzugsanstalt inhaftiert und begegneten uns deshalb nie. Bei Prozessbeginn wurden wir an jedem Verhandlungstag etwa eine Stunde vor dem Beginn der Verhandlung aus unseren Zellen geholt und im Gerichtsgebäude in eine Sammelzelle gebracht. Was soll ich sagen? Als wir uns da wieder sahen, erinnerten wir uns beide in Sekunden der unzähligen Begegnungen und Erlebnisse unserer 45-jährigen Freundschaft und machten aus der Freude über unser Wiedersehen kein Hehl.

Er kam bald zur Sache und informierte uns über die Erklärung, die er abzugeben gedachte und in der er betonen würde, dass er das Gericht für nicht kompetent und nicht zuständig hält, die DDR aber dennoch verteidigen wird. Wir mussten nicht lange darüber diskutieren, weil wir einen ähnlichen Standpunkt vertraten. Wir sind uns an vielen

Prozesstagen regelmäßig begegnet und haben die zwanzig Minuten oder die halbe Stunde, die uns dann noch blieb, immer genutzt. Allerdings kamen auch nicht selten Vollzugsbeamte dazwischen, die sich sein Buch gekauft hatten und es nun signiert haben wollten.

Ich kannte ihn so gut, dass mir sein körperlicher Verfall nicht entging. Er war geistig so rege wie immer, aber physisch baute er rapide ab. Nach den ersten Verhandlungstagen, an denen die Anklageschrift verlesen und die Personalien wie üblich verglichen worden waren, ging es fast nur noch um seinen Gesundheitszustand. Das war eine unbeschreiblich fatale Situation. Ich hatte derlei noch nie erlebt und spielte mit dem Gedanken, mich von diesen Erörterungen befreien zu lassen und erst in den Gerichtssaal zurückzukehren, wenn es um die Punkte der Anklage ging. Ein Mediziner folgte dem Nächsten. Einige brachten Dias mit, die auf einer Leinwand vorgeführt wurden. Fast seine sämtlichen Körperorgane wurden da gezeigt und dann stritten die Ärzte, welche seiner Krankheiten die schlimmeren wären. Das alles musste er miterleben, und das beschleunigte nach meiner Meinung seinen physischen Verfall. Er reagierte kaum noch, und in den Pausen bettete man ihn draußen auf eine Liege und holte einen Anstaltsarzt, der dann befinden musste, wie lange er noch der Verhandlung folgen könne. Die von ihnen als zulässig befundenen Zeiträume wurden immer kürzer. Es war schon eine Zumutung, mit ansehen zu müssen, wie er sich mühte, der Verhandlung zu folgen, aber einfach nicht mehr imstande war.

Das dauerte, bis das Berliner Verfassungsgericht entschied, die Verhandlung gegen ihn einzustellen.

SPOTLESS: Konnten Sie sich noch verabschieden?

HEINZ KEßLER: Ja, diesen Augenblick werde ich bis an mein Lebensende nicht vergessen, und er war auch nur einem jener Zufälle zuzuschreiben, die das Leben nicht allzu oft präsentiert. Das war am späten Nachmittag des letzten Tages - ich schätze mal es war gegen 17 Uhr -, den er in Moabit verbrachte. Am nächsten Tag wurde er entlassen.

Ich trat durch eine Tür, er saß auf einem Stuhl, mit dem Rücken zu mir, erkannte aber sofort meine Stimme und stand auf, ging auf mich zu, umarmte mich und schämte sich seiner Tränen nicht. Er sagte nur einen Satz: „Heinz, wir wollten zusammen kämpfen, für Gerechtigkeit, Frieden, für unsere Sache, und es tut mir Leid, aber ich kann nicht mehr!" Er hat ihn mindestens dreimal gesagt, als wolle er sich entschuldigen. Ich sagte: „Erich, das Wichtigste ist, dass du jetzt hier herauskommst, dass sich jemand um deine Gesundheit kümmert. Wir wissen, was wir zu tun haben, werden unsere Sache vertreten..."

So gingen wir auseinander, und so habe ich ihn in Erinnerung behalten.

WERNER EBERLEIN

Werner Eberlein wurde am 9. November 1919 in Berlin geboren. Er war nach seiner Rückkehr aus der Emigration in die UdSSR lange Jahre als Dolmetscher für führende Genossen tätig und später Erster Sekretär in Magdeburg und Mitglied des Politbüros. Er übersetzte viele Reden, aber auch interne Gespräche.

SPOTLESS: Hat Erich Honecker viel gelesen, wenn Sie irgendwo mit ihm zusammen waren?

WERNER EBERLEIN: Nein.

SPOTLESS: Wenn er las, was las er?

WERNER EBERLEIN: Zeitungen, wie jeder, natürlich Dokumente, Papiere.

SPOTLESS: Worüber haben Sie vor allem miteinander geredet?

WERNER EBERLEIN: Über die Arbeit. Zuweilen hat er mich um meine Meinung gebeten, auch in Fragen, für die ich vielleicht gar nicht kompetent war. Zum Beispiel hat er mich nach seiner Wahl zum Generalsekretär und Staatsratsvorsitzenden gefragt, ob es vertretbar wäre, wenn Margot weiter als Minister amtieren würde. Meine Antwort lautete: Du hast sie nicht in die Funktion berufen, welchen Grund gäbe es, sie jetzt abzuberufen? Es gab auch andere manchmal knifflige Fragen. Eines Tages hatte Konrad Naumann, Sekretär in Berlin, einen Brief geschrieben und ihn gebeten, dafür zu sorgen, dass er die Moskauer Parteihochschule besuchen könnte. Der Hintergrund war nicht schwer zu entdecken. Naumann spekulierte darauf, dass er nach seiner Rückkehr aus Moskau vielleicht der zweite Mann in der Partei würde. Auch in diesem Fall habe ich ihm deutlich meine Meinung gesagt und davon abgeraten.

Das sind zwei Beispiele, die mir gerade einfallen. Darüber hat er mit mir geredet.

SPOTLESS: Und hatten Sie den Eindruck, dass er ihre Meinung respektierte?

WERNER EBERLEIN: Ja, zumindest hat er ernst genommen, was ich ihm sagte. Bei den beiden von mir erwähnten Beispielen war er offensichtlich einer Meinung mit mir.

SPOTLESS: Die Frage zu Margot Honecker wirft - eher am Rande - die Frage nach der so genannten First Lady auf, zu der man sie heute gern stempelt. War sie eine First Lady, die bei offiziellen Anlässen an seiner Seite agierte?

WERNER EBERLEIN: Nein, sie war zum Beispiel bei den vielen dienstlichen Reisen ins Ausland nicht ein einziges Mal dabei. Es gab sogar Probleme, weil sie sich weigerte, die Pflichten einer so genannten First Lady zu erfüllen. Als Gorbatschow nach Berlin kam, lehnte sie es ab, Raissa zu begleiten. Erika Krenz hat das dann übernommen. Sie war Ministerin und bei allen offiziellen Anlässen saß sie nie an der Seite ihres Mannes, sondern bei den Ministern. Sie saß auch nie bei den Frauen der Politbüromitglieder.

SPOTLESS: In einem auf abenteuerlichen Umwegen erschlichenen Interview einer deutschen Illustrierten soll er im April 1993 auf die Frage „Was tun Sie den ganzen Tag?" geantwortet haben: „Nachdenken. Über die Welt, über Deutschland, was wir falsch gemacht haben." Unterstellen wir, er hätte das gesagt, was glauben Sie, würde er vor allem für Fehler gehalten haben?

WERNER EBERLEIN: Zunächst, ich glaube schon, dass er 1993 viel nachgedacht hat. Ich glaube, dass er 1993 mehr nachgedacht hat, als vorher. Er hat ja auch in seiner Erklärung, die er der Zentralen Parteikontrollkommission übermittelte, eingeräumt: Ja wir haben uns von den Realitäten gelöst und dadurch ist es so weit gekommen. Mir steht es nicht zu, nachträglich etwa ein Urteil über ihn zu fällen, aber wenn ich meinen Standpunkt formulieren sollte, würde ich sagen: Ich glaube, dass er sich im Laufe der Jahre, also beginnend 1971, mehr den außenpolitischen Problemen zuwandte und dazu gehörten auch die Missionen, die mit Reisen verbunden waren. Wir sind alle nur Menschen. Durfte Honecker das nicht sein? Durfte er keine menschlichen Schwächen haben? Zum Beispiel hat sein unbestrittener außenpolitischer Aufstieg sicher seine Eitelkeit beeinflusst.

Dazu kam, dass unsere innenpolitischen Probleme viel mit Ökonomie zu tun hatten. Wenn man von Fehlern redet, war einer seiner Fehler vielleicht, dass er sich selbst nicht in diese Probleme hineingekniet hat. Er verließ sich einzig auf Mittag. Walter Ulbricht hatte in seinem Politbüro eine ganze Reihe von auf diesem Gebiet erfahrenen Männern. Ich nenne nur Heiner Rau und Bruno Leuschner. Wenn ich mich gut erinnere, hatte der während der Weimarer Republik in einem Textilunternehmen gelernt, war bis zum Exportleiter aufgestiegen, hatte in Abendkursen an der Humboldt-Universität Ökonomie, Philosophie und Psychologie studiert. Gleich nach seiner Befreiung aus dem KZ Mauthausen 1945 kehrte er nach Berlin zurück und übernahm die Leitung der Wirtschaftsabteilung der KPD, kümmerte sich um den Aufbau der Deutschen Wirtschaftskommission und wurde deren stellvertretender Chef für Wirtschaftsfragen. Ich erwähne das nur, weil er ein exzellenter Fachmann war, auf den Ulbricht sich stützen konnte. Leider starb er viel zu früh, mit nur 55 Jahren. Dann hatte Ulbricht einen wissenschaftlichen Beirat gegründet, mit Manfred von Ardenne, Max Steenbeck, einem ehemaligen Siemens-Betriebschef, mit dem Chemiker Peter-Adolf Thießen. Dieses kompetente Gremium hat Honecker aufgelöst und sich nur noch auf Mittag gestützt. Das bleibt eines der ungelösten Rätsel seines Lebens. Es gab viele, die ihm oft genug geraten hatten, auf diesen Mann zu verzichten, es war vergeblich. Hinzu kommt, dass das Problem auch nicht zu lösen gewesen wäre, wenn er sich von ihm getrennt hätte, denn es ist undenkbar, dass ein Mensch den gesamten Bereich der Ökonomie beherrscht.

Man braucht einfach Meinungsstreit auf diesem Gebiet, und leider hat Honecker den Fehler begangen, dass er diesen Streit nicht erzwungen hat. Um es ganz deutlich zu sagen: Wenn er je im Politbüro die Frage „Mittag - ja oder nein?" aufgeworfen hätte, dann hätte niemand für Mittag gestimmt, außer eben er selbst vielleicht.

SPOTLESS: Wir werden das Problem nachträglich nicht lösen können, aber die Frage drängt sich auf: Hatte Mittag denn keine Ratgeber?

WERNER EBERLEIN: Natürlich hatte er die. Da waren acht oder neun Abteilungen, in denen Experten saßen, nur hat er die nie befragt, weil er sich selbst immer für den Alleswisser hielt. Ganz zu schweigen von den vielen klugen Leuten in den vielen Instituten, die durchaus imstande gewesen wären, die nötigen Konzeptionen zu entwickeln.

SPOTLESS: Ließe sich die Frage stellen, wie konnte es dazu kommen...

WERNER EBERLEIN: Diese Frage taucht fast überall fast jeden Tag auf, weil überall Menschen am Werke und Menschen nicht unfehlbar sind.

SPOTLESS: In allen Biografien über Honecker ist der „Machtkampf" zwischen ihm und Ulbricht ein Lieblingsthema. Jemand, der nicht in der DDR gelebt hat, könnte zu dem Schluss gelangen, dass dieses Duell die Geschichte dieses Landes geprägt hat und nahezu Züge eines Shakespear'schen Dramas hatte. Und in Wirklichkeit?

WERNER EBERLEIN: Die Vokabel „Machtkampf" trifft die Realitäten überhaupt nicht. Es ist wahr, dass beide in einer bestimmten Situation aneinander gerieten, aber das reduziert sich eben auf eine extrem kurze Zeitspanne und das war auch kein persönliches Duell zwischen beiden, sondern ein in Moskau entstandener Zwist. Die Würfel fielen an der Moskwa.

Die beiden hatten Achtung voreinander, sie haben viele Jahre zusammengearbeitet, beide wussten, dass se sich aufeinander verlassen konnten. Eine der Ursachen dafür war, dass 1953, als im Politbüro für die Abwahl Ulbrichts votiert wurde - sie kam nicht zustande, weil Chrustschow in Moskau dem nicht zustimmte, weil er nicht in dieser Situation die „Pferde wechseln" wollte -, Erich Honecker zu Ulbricht stand. Dass das Verhältnis zwischen beiden sich verschlechterte, war Breshnjew zuzuschreiben. Der war mit Ulbricht aneinander geraten, als Ulbricht die Beziehungen zwischen der DDR und der BRD auf eine andere Basis stellen wollte und sich Stoph und Brandt in Erfurt und Kassel trafen. Breshnjew war dagegen, er sagte: „Wir sird die Sieger, und die deutsche Frage wird nicht in Berlin, sondern in Moskau entschieden!" Das war der erste Sten für den Konflikt zwischen beiden. Für den zweiten sorgte die NÖSPL - zu deutsch: das Neue Ökonomischen System der Planung und Leitung der Volkswirtschaft -, weil darin Elemente der Marktwirtschaft enthalten waren und Breshnjew Ulbricht die Restauration des Kapitalismus vorwarf. Breshnjew schlug seinem Politbüro vor, Ulbricht abzulösen. Man fragte: Wer kommt statt seiner in Frage und musste nicht lange suchen: Honecker. Noch einmal: Diese Entscheidung hatte mit einem Machtkampf zwischen beiden überhaupt nichts zu tun. Dass Ulbricht sich in der Situation, als man ihn ablöste, vielleicht auch von Honecker

135

hintergangen fühlte, steht auf einem anderen Blatt. In den Dokumenten, die man heute noch über die ganze Affäre nachlesen kann, findet man den Hinweis darauf, dass die Sowjets nicht bereit waren, Ulbricht Entscheidungen treffen zu lassen, die - so ihr Standpunkt - allein sie zu treffen hatten. Es gab dann ein sehr offenes Gespräch zwischen Breshnjew und Honecker, in dem Honecker sehr schnell begriff, dass die Sowjetunion auf ihn gesetzt hatte. Es kommt noch etwas anderes hinzu. Wenn Honecker in dieser Phase gegen Ulbricht opponierte, hatte es nicht nur etwas mit der Moskauer Entscheidung zu tun, sondern auch mit der Tatsache, dass Ulbricht schon sehr krank war. Er saß in Döllnsee, kam am Ende einmal in der Woche in das Haus des ZK. In dieser Zeit gingen alle Briefe, alle Dokumente über den Tisch von Honecker, alle Gespräche landeten bei ihm, alle Besucher saßen in seinem Zimmer. Selbst 1964, als Breshnjew mitteilte, dass Chrustschow abgesetzt worden war - ich kann mich jeder Einzelheit dieses Anrufs erinnern, den ich übersetzte -, hatte er bei Honecker angerufen und nicht bei Ulbricht. Honecker ist dann hinausgefahren nach Döllnsee, um Ulbricht zu informieren.

Zu diesem Zeitpunkt mussten also bereits alle Entscheidungen, die von der Partei zu treffen waren, mit Honecker erörtert und geklärt werden. Jeder wusste das. Und jeder hatte auch Achtung vor ihm. Man kannte sein Leben, wusste, dass er von früh an Kommunist war, dass er während der Nazizeit Widerstand geleistet und Jahre im Zuchthaus verbracht hatte. Dann seine Arbeit in der FDJ. Natürlich kann man auch darüber Kritisches finden. Zum Beispiel in den Akten der Sowjetischen Militäradministration, die unlängst veröffentlicht wurden und auch einige kritische Worte zur Tätigkeit der FDJ enthalten. Ich würde mich nicht wundern, wenn jemand sie demnächst durchblättert und neue Honecker-„Enthüllungen" veröffentlicht. Und schließlich war er 19 Jahre jünger und das war auch ein wesentlicher Faktor.

SPOTLESS: Wie hat sich Honecker als - sagen wir - Partei- und Staatsführer gegenüber den Chefs anderer Länder verhalten?

WERNER EBERLEIN: Auch da kommt man um einen Vergleich mit Ulbricht nicht herum. Der hatte sich in den letzten Jahren seiner Amtszeit ein wenig als Doyen aufgespielt. Er war immerhin der Mann, der am längsten an der Spitze eines sozialistischen Staates stand, und das ließ er andere spüren. Da gab es natürlich heftigen Widerstand. Derlei war bei Honecker nie zu entdecken. Er ist mit allen gut ausgekommen. Dass er einigen menschlich näher stand als anderen, schließt das ein. Mit dem Ungarn Janos Kadar hat er sich wohl besonders gut verstanden, auch mit dem Tschechen Husak. Weniger gut vielleicht mit dem Polen Kania, und der Mongole Zedenbal war logischerweise nicht so gefragt, wie andere.

SPOTLESS: Wann, was glauben Sie, hat er sich wohl unwiderruflich mit dem Untergang der DDR konfrontiert gesehen?

WERNER EBERLEIN: Ich glaube, erst an dem Tag, an dem man ihn im Politbüro abwählte. Natürlich hat er bei dem Fackelzug zum 40. Jahrestag der DDR gespürt, dass die „Gorbi"-Rufe ein Affront gegen ihn waren. Seine Rede zum 40. Jahrestag hielt ich für missglückt, eben weil er mit keiner Silbe auf die inneren Probleme einging. Er hatte die Rede übrigens so spät im Politbüro vorgelegt, dass keine Möglichkeit mehr war, sie zu ändern. Man hätte wohl eine völlig neue Rede schreiben müssen. Hinzu kam die oft genug strapazierte Begegnung mit Gorbatschow, in der Gorbatschow sehr eingehend die Perestroika behandelt hatte, auch selbstkritisch, worauf Erich Honecker fast rüde antwortete: Wir brauchen keine Reformen. Ich persönlich war auch kein Anhänger der Perestroika, aber nicht gegen Reformen. Ich glaube, Honeckers Antwort sorgte für die Entscheidung.

Wobei nicht unterschlagen werden darf: Danach hielt Gorbatschow eine flammende Rede, in der er zur gründlichen Vorbereitung des Parteitages der SED aufrief. Und wenn er unlängst in Ankara behauptete, er sei angetreten, um den Kommunismus zu beseitigen, dann lügt er hemmungslos. Es soll vielleicht ein Versuch sein, im Nachhinein seine Schritte zu rechtfertigen. Ich kann mich sehr genau an diese seine Rede in Berlin erinnern und behaupte: So ein guter Schauspieler ist er nun auch wieder nicht, dass er uns vorspielen konnte, wir sollten den Parteitag vorbereiten, während er die Beseitigung des Kommunismus im Sinn hatte.

SPOTLESS: Also ein Verräter in ihren Augen?

WERNER EBERLEIN: Ja! Und das ist ein wesentlicher Fakt: Erich Honecker war nie auch nur einen Augenblick ein Verräter. Man kann ihm vorwerfen, dass er die herangereiften Probleme nicht diskutierte, vielleicht sogar, dass er Diskussionen vermied, wo sie notwendig gewesen wären. Ich will nicht behaupten, dass es dafür dieses oder jenes Motiv gab, aber manchmal hatte ich den Eindruck, dass er sich harten Diskussionen nicht gewachsen fühlte. Ich wiederhole einmal mehr: Wir sind alles nur Menschen.

SPOTLESS: Als er mit diesen entscheidenden Situationen konfrontiert wurde, war er schon nicht mehr der Jüngste. Hätte er anders reagiert, wenn er noch jünger gewesen wäre?

WERNER EBERLEIN: Auf alle Fälle. Und doch muss ich daran erinnern, dass er wenig las und dass er selten ein Theater besuchte. Wilhelm Pieck versäumte kaum eine Premiere in Berlin. Erich ging am liebsten in den Wald und jagte dort. Ich will allerdings ausdrücklich betonen, dass er keiner der fanatischen Jäger war und nie auf Waidtrophäen aus war. Er konnte stundenlang durch den Wald schlendern - wenn er mit Margot im Wald war, durfte er sowieso nicht jagen - und vielleicht war es so, dass er am liebsten allein in der Natur war. Allein mit sich und seinen Gedanken. Was wäre dagegen einzuwenden?

SPOTLESS: Sie sprachen darüber, dass manche Entscheidungen Ulbrichts seinem Alter zuzuschreiben waren. Honecker erlebte das. Hat er je darüber gesprochen, zu einem gewissen Zeitpunkt abzutreten?

WERNER EBERLEIN: Ja, das war am Beginn, als er Ulbrichts Funktionen übernahm. Aber ich habe auch Chrustschow sagen hören, dass er hoch und heilig schwöre, rechtzeitig abzutreten. Honecker äußerte sich ähnlich. Vielleicht geriet das bei ihm zwischendurch in Vergessenheit. Aber damit will ich nicht etwa behaupten, dass er in der letzten Zeit nicht öfter über seinen Rücktritt nachgedacht hatte.

SPOTLESS: Sie haben ihm als damaliger Vorsitzender der Zentralen Parteikontrollkommission mitteilen müssen, dass ein Parteiverfahren gegen ihn eröffnet worden sei. Wie schwer war dieser Gang?

WERNER EBERLEIN: Ich habe ihn am Abend vorher angerufen und ihm mitgeteilt, am nächsten Morgen würde im ND eine Mitteilung erscheinen, dass ein Parteiverfahren gegen ihn eingeleitet sei. Seine Antwort lautete: „Ist gut". Ich fürchte, er hat in diesem Augenblick überhaupt nicht verstanden, was geschehen war. Am nächsten Tag rief er mich an: „Werner kannst du zu mir kommen?" Ich fuhr hin. Margot schickte mich mit ihm nach oben und er sagte: „Werner, ich habe Schwierigkeiten, mich zu konzentrieren. Ich habe eine Erklärung vorbereitet und werde sie dir vorlesen."

Ich habe ihn beim Vorlesen des Öfteren unterbrochen, weil mir an einem Gespräch mit ihm lag und vielleicht auch weil ich ihn davon abbringen wollte, nun alle Schuld allein auf sich zu nehmen. Da war immerhin noch Mittag, den er nicht erwähnte. Da waren zum Beispiel diese 20.000 DM, die er jährlich von der Bauakademie überwiesen bekam. Ich fragte ihn: „Wie konntest Du dich von Mittag in diese Situation bringen lassen?" Er antwortete: „Du siehst, wie ich hier lebe, ich habe die 20.000 DM nicht verprasst." Tatsächlich saßen wir beide auf einer abgeschabten Couch, mit der kein Staat mehr zu machen war. Ich stimmte ihm zu: „Wenn ich jemandem erzähle, was für eine Couch hier steht, würde es mir niemand glauben." Und es galt generell: Er hat nie ein aufwändiges Leben geführt, protziger Luxus war ihm einfach fremd.

Übrigens: Auf Mittag ließ er noch immer nichts kommen. Vielleicht wollte er in dieser Situation auch nicht die Schuld auf einen anderen schieben. Dazu war er viel zu aufrichtig. Dazu wäre noch zu sagen: Als im Politbüro sein Ausschluss beantragt worden war, hatte er dafür gestimmt. Das war - ein besseres Wort fällt mir im Augenblick nicht ein - seine Haltung als Parteisoldat: Wenn die Mehrheit für etwas stimmt, stimmte er nicht dagegen. Er hat sich auch nicht mehr wehren wollen, wäre gar nicht auf die Idee gekommen, Ausflüchte zu suchen. Inzwischen hatte er die Tragweite der Situation auch erfasst.

SPOTLESS: Das war das letzte Mal, dass Sie ihn sahen?
WERNER EBERLEIN: Ja.

SPOTLESS: Der Schriftsteller Hermann Kant hat mal über ihn geschrieben: „Ich glaube, der Platz, auf den hn die Geschichte stellte, oder auf den er sich aus politischen Gründen drängte, war ein wenig zu weit und zugig für ihn. So gab er sich breiter als er war und führte sich starrer auf, als gut für uns war." Traf das den Kern?

WERNER EBERLEIN: Ich würde dem zustimmen. Ich meine, sicherlich hat er zu der Zeit, da er ins Politbüro kam, seine Stärken und Schwächen gut gekannt. Er hatte an der Spitze der FDJ gestanden und dort viele Erfahrungen gesammelt. In die Funktion des Ersten Sekretärs hat er sich nicht gedrängelt, ich habe schon darüber gesprochen, dass er von Breshnjew dorthin gedrängt wurde. Vielleicht hat er eines Tages in dieser Funktion erkannt, dass sie ihn zuweilen überforderte. Vor allem, wir haben das schon erwähnt, was die inneren Anliegen betraf.

SPOTLESS: In seinem Terminkalender tauchen in letzter Zeit sehr oft Begegnungen mit Gorbatschow auf. Kamen die auf sein Betreiben zustande oder auf Gorbatschows?

WERNER EBERLEIN: Ich kann darauf nur vage antworten, denn ich war zu dieser Zeit schon in Magdeburg. Ich würde aber glauben, dass sie auf sein Betreiben zustandekamen. Es gab viele Probleme zwischen beiden Ländern. Mit der Perestroika ging es in der Sowjetunion ökonomisch bergab. Lieferungen an uns blieben aus, Gorbatschow orientierte sich mehr nach dem Westen.

SPOTLESS: Zu den Problemen jener Zeit gehörten zum Beispiel die reduzierten Erdöllieferungen.

WERNER EBERLEIN: Das Verarbeitungswerk in Schwedt war für 21 Millionen Tonnen Erdöl berechnet. Der Vertrag mit der UdSSR belief sich auf 19 Millionen Tonnen, und eines Tages wurde der auf 17 Millionen reduziert. Die plötzlich fehlenden zwei Millionen Tonnen waren blanke Valuta für uns, denn wir wollten ja einen Teil des verarbeiteten Erdöls weiterverkaufen, hatten feste Lieferverträge zu erfüllen. Und wir haben die Valuta nicht nur benötigt, um zum Beispiel Bananen zu kaufen, sondern um den Export in die Sowjetunion realisieren zu können. Die UdSSR hatte zum Beispiel bei uns Schiffe bestellt, deren Instrumentenausrüstung zum großen Teil aus westlichen Importen bestand. Diese Ausrüstungen mussten beschafft werden, um die Schiffe liefern zu können. Mittag ließ sich dann einfallen, alles auf die Braunkohle zu verlagern. Allein die Umstellung kostete Milliarden. Das hat entscheidend dazu beigetragen, dass die DDR in immer größere ökonomische Schwierigkeiten geriet und sich mehr und mehr verschuldete.

SPOTLESS: Und die zwei Millionen Tonnen Öl haben die Sowjets anderswohin verkauft?

WERNER EBERLEIN: Na sicherlich. Sie haben manchmal ganz offen gesagt: Das Öl können wir auch selbst in den Westen verkaufen, das muss nicht über den Umweg eurer Verarbeitung geschehen. Auf der anderen Seite hat man der DDR Vorwürfe wegen der Kredite im Westen gemacht. Ich weiß nicht so genau, wie viel Tonnen Erdöl die Sowjetunion jährlich förderte, aber eine Größenordnung um die 500 Millionen Tonnen kann man wohl annehmen. Da haben die zwei Millionen für uns den Kohl nicht fettgemacht.

SPOTLESS: Bliebe das Fazit, dass er es nie sonderlich leicht hatte.

WERNER EBERLEIN: Das kann man wohl sagen. Wichtig aber erscheint mir noch ein anderer Aspekt. Unser Gespräch findet in einer Zeit statt, da die Bundesregierung sich entschlossen hat, deutsche Soldaten in einen abenteuerlichen Krieg zu schicken. Honeckers von niemandem zu leugnendes Verdienst waren seine Bemühungen um den Frieden in Mitteleuropa. Ich meine damit, dass seine außenpolitischen Aktivitäten sich nicht etwa auf Besuchsreisen hier oder da beschränkten, sondern von ständigem Engagement für den Frieden bestimmt waren. Dafür gibt es unzählige Beweise. Er war es, der durch seine Haltung Kohl gezwungen hat, sich zu der Forderung zu bekennen, dass von deutschem Boden nie wieder Krieg ausgehen soll. Er formulierte die Losung: „Lieber hundertmal miteinander reden, als einmal aufeinander schießen." Das darf nicht in Vergessenheit geraten, vor allem nicht in Zeiten, da sich deutsche Politiker als Hilfssherrifs in der Welt aufführen und ständig betonen, dass sie diese Rolle „uneingeschränkt" spielen. Honeckers Verdienste um die Erhaltung des Friedens in Europa sind unbestritten, und dabei hat er manches Mal andere Positionen als Moskau vertreten. In dieser Frage ist er bis an die Grenze seiner Möglichkeiten gegangen.

Asyl in der Chilenischen Botschaft in Moskau

Noch einmal Auskünfte vor der Fernsehkamera in Moskau

FRANK JOACHIM HERRMANN

Frank Joachim Herrmann war 21 Jahre lang Honeckers persönlicher Mitarbeiter. 1996 gab er zwei ND-Journalisten - Brigitte Zimmermann und Reiner Oschmann - Antworten auf Fragen, die dann in dem Buch „Der Sekretär des Generalsekretärs" im Verlag edition ost erschienen. Herrmann autorisierte uns 2001 die folgenden Aussagen.

Hat die Bedeutung des Büros Honecker im Laufe der Zeit zugenommen?

Eine Aufwertung war mit der qualitativen und quantitativen Zunahme der Aufgaben Erich Honeckers und der Anerkennung der DDR logisch verbunden. Daraus hat aber nie jemand bei uns den Schluß gezogen, nunmehr die Nase hoch tragen zu müssen. Da Sie mich persönlich fragen: Die Meinung, normales Verhalten sei um so weniger notwendig, je wichtiger man sich vorkomme, habe ich nie für akzeptabel gehalten. Mag sein, daß ich trotzdem manchen benachteiligte oder kränkte. Gewollt habe ich es nicht. Grundsatz war, keine Dinge unter Berufung auf mein Amt zu tun, die ich ohne dieses Amt nicht tun würde.

Erinnern Sie sich an Situationen in diesem Büro, in denen Sie sich gesagt haben: Eigentlich kollidiert das jetzt heftig mit dem, was ich an Grundsätzen, als Wertauffassung von zu Hause mitbekam?

Kein Ideal wird in seiner reinen Form verwirklicht. Das Leben ist tausendmal widersprüchlicher, vertrackter, auch schonungsloser, als man es sich bei kühnster Phantasie vorstellen kann. Darauf haben weitaus gescheitere Menschen schon viele Male hingewiesen, aber leider gerät es dennoch zu oft in Vergessenheit.

Wenn Sie von Kollisionen sprechen, dann verschweige ich nicht, daß ich die Schüsse an der Westgrenze der DDR bei voller Einsicht in ihre politischen Ursachen immer als eine Belastung für unser Selbstverständnis empfunden habe. Für unser Selbstverständnis als sozialistisches Land, für unseren Begriff von Menschlichkeit, auch für unser internationales Ansehen.

Wie würden Sie Ihr Verhältnis zu Erich Honecker im ganzen charakterisieren?

Es war ein Verhältnis, das auf Achtung beruhte und, wie ich schon sagte, im ganzen kollegial war. Aber zu seinem Intimus wurde ich nicht, das wurde de facto kaum jemand. Er war wirklich kein extrovertierter Mensch, der das möglich gemacht hätte.

Ist das eventuell Spätfolge seiner langen Haft gewesen?

Darüber, worauf das zurückgeht, habe ich oft nachgedacht. Ich glaube, daß es auch mit der langen Haft oder Illegalität in der Nazizeit zusammenhängt. Dort dürfte eine bestimmte Vorsicht ihre Wurzeln gehabt haben, die bei ihm leicht in Argwohn umschlagen konnte. Andererseits hat er wohl gedacht, der Zwang zur Abgeschlossenheit erwachse aus seinen Ämtern an der Spitze der SED und der DDR. Da dürfe man sich keine allzu große Offenheit leisten, aus der politische Unsicherheit abgeleitet werden könnte. Sorge um Staatsräson und Autorität war da sicher ebenfalls im Spiel. Sie müssen bedenken, daß es Erich Honecker nicht an der Wiege gesungen wurde, eines Tages einem Staate und einer Massenpartei vorzustehen.

In welchem Maße das eine oder das andere überwog, ist immer schwer zu unterscheiden gewesen.

Es hat also niemals einen Austausch über irgendeinen familiären Zusammenhang gegeben, über Sorgen, die man im Alltag hat?

Der fand nicht statt. Er hätte schon überraschend gewirkt. In den zwei Jahrzehnten, die ich bei ihm war, kam es überhaupt zu keinem einzigen gründlicheren Gedankenaustausch über Problemlagen, Familiäres schon gar nicht. Die Verständigung anhand von Fragen, die vorliegende Manuskripte tangierten, kann ich als solche nicht einstufen. Als seinerzeit bei Breshnjew plötzlich offizielle Berater auftauchten, wohl in Anlehnung an die Praxis des Präsidenten der USA, sagte Honecker, Berater brauche er nicht, dafür habe er das Politbüro. Das hat mich damals etwas erstaunt. Wobei man über das Beraterprinzip denken kann, wie man will, auch über die Qualität der entsprechenden Berater bei Breshnjew.

Das mit dem Politbüro aber stimmte nicht ganz. Abgesehen davon, daß Erich Honecker in den letzten Jahren dem Schiller'schen Satz: „Der Starke ist am mächtigsten allein" nicht mehr abgeneigt zu sein schien, am Ende aber sehr allein, sehr einsam und ohne frühere Stärke war: Ich kenne viele Fälle, in denen Leute verschiedener Bereiche, auch aus der Führungsetage der SED, gern von der gelobten Eigenschaft Erich Honeckers Gebrauch machten, rasch zu entscheiden. Das enthob sie nicht selten der Notwendigkeit, es selber zu tun und es später auch zu verantworten.

Insofern ist eben auch der Druck auf Honecker, die Beratung wirklich zu suchen, nicht sehr groß gewesen. Als politisch kluger und erfahrener Mann hätte er sich vor allem mehr wehren müssen, zahlreiche Einzelfragen, manchmal sehr nebensächlicher Natur, zu entscheiden, während die großen Zusammenhänge häufig unbesprochen blieben.

Sie sagen, er war ein politisch kluger Mann. In welcher Weise war er klug? Es gibt ja verschiedene Arten von Klugheit.

Ich sprach von politischer Erfahrenheit, aber was die Klugheit angeht, glaube ich schon, daß etliche Entscheidungen und Aktivitäten von ihm sie bezeugten. Übrigens muß ja nicht nur klug sein, was jemand unternimmt, sondern es kann auch klug sein, etwas zu unterlassen. Nehmen Sie die Zeit, da in Europa die Mittelstreckenraketen stationiert wurden. Zwischen den Großmächten war eine sehr gefährliche Sprachlosigkeit ausgebrochen. Honecker setzte sein „Jetzt erst recht" im Sinne der Dialogpolitik, des Mittelstreckenraketenabbaus entgegen. Damals unterließ er es, die von Moskau verbreitete Ankündigung zu übernehmen, daß sich die Deutschen künftig nur noch durch Mittelstreckenraketenzäune zu Gesicht bekommen sollten.
Was das Verhältnis von Klugheit und Bildung betrifft, ist die aus Wissen gespeiste Klugheit bei Erich Honecker nicht so umfassend gewesen, wie man sie bei Leuten findet, die lange studiert haben. Wobei das Ursachen in den Werdegängen der führenden Politiker speziell dieses Alters, dieser Generation bei uns hatte. Deren Universitäten waren Konzentrationslager und Zuchthäuser, jedenfalls bei vielen. Wissensklugheit, Erfahrungsklugheit, Verfahrens-

klugheit - ein interessantes, aber auch ein weites Feld. Bestimmte Erkenntnisse, die man in der Jugend nicht macht oder nicht machen konnte, fehlen eben dann später, ohne daß einem dies unbedingt bewußt sein muß. Erich Honecker hat sehr viele Dinge mit großer politischer Erfahrung gemeistert, die er auch gezielt einsetzte. Aber alle Defizite waren damit sicher nicht zu kompensieren.

...

Wie ist denn Erich Honeckers Haltung gegenüber den Büromitarbeitern gewesen? Korrekt offenbar, konzentriert auf das Wesentliche unter Vermeidung aller persönlichen Dinge? War er jähzornig oder launisch, was ja manchmal behauptet wird?

Ich habe ihn nie launisch erlebt. Ich bin auch mal gefragt worden, ob er Wutausbrüche gehabt hätte; habe ich nie mitgekriegt. Auch von anderen hörte ich niemals, daß er die gehabt hätte. Von Günter Schabowski beispielsweise, dem Berliner SED-Chef, war das bekannt. Er war ein berüchtigter Choleriker. Der hatte natürlich für sich den Vorteil, daß er es los war, er hatte es abgestoßen. Das machte Erich Honecker nicht. Er hatte eine unerhörte Selbstdisziplin.

Es gab Dinge, die ihn im negativen Sinne stark beschäftigen mußten, weil sie jeden normalen Menschen beschäftigt hätten, auch wenn eine gewisse Routine im Verarbeiten schlechter Botschaften vorlag.

Er schien dagegen nach außen manchmal fast unberührt. Doch er war sehr nachhaltig. Nicht nachtragend nachhaltig. Wenn er etwas aufgenommen hatte, ohne im Moment eine bestimmte Reaktion zu zeigen, hieß das nicht, daß das an ihm 'abgelaufen' war. Es gab viele Fälle, da fand man es später wieder. In einem anderen Zusammenhang. Er hatte es gespeichert, wollte oder konnte sich zunächst aber nicht äußern. Was mitunter wie Gleichgültigkeit wirkte.

Erich Honecker ging im übrigen sehr rationell mit Arbeit um, die für ihn geleistet wurde. Mach mal einen Entwurf, und der nächste macht auch einen, und dann haben wir am Ende zwölf, und ich mache den dreizehnten, und den Rest werfe ich in den Papierkorb - das fand bei ihm nicht statt.

Das erhöhte den Anspruch an das Angebot und auch die Verantwortung gegenüber dem, was man da machte. Ich gebe zu, es erfreute einen um so mehr, wenn eine Sache gut ankam. Aber es ging sehr ernsthaft zu.
...

Inwiefern war Erich Honecker aus Ihrer Perspektive für seine Ämter geeignet?

Es gab, mit wem man auch sprach, eigentlich übereinstimmend, Ansichten, daß er geeignet sein könnte. Aufgrund seiner politischen Vergangenheit, aber nicht minder wegen seiner praktischen Erfahrungen als Parteifunktionär, die ja nicht gering waren. Sowohl in der Illegalität als auch nach 1945, nach der Befreiung. Die Frage blieb natürlich, wie er sich mit dieser individuellen Vorgeschichte dann im Amt, in der Funktion entwickeln würde. Die hätte aber für jeden anderen auch gestanden. Außerdem muß ich nochmals sagen, daß mich und Leute, die ein ähnliches politisches Verständnis hatten, die ganz persönliche individuelle Eignung des Mannes an der Spitze seinerzeit wirklich nicht so zentral beschäftigte.

Wie komisch das heute auch klingt. Man hatte da ein ziemliches Vertrauen in die kollektive Führung und in unsere weltanschaulichen Gewißheiten.

Kann man heute belächeln, war aber so.

Es interessiert doch immer zentral, wer nun der neue Chef wird, und wie man mit ihm zurechtkommt?

Von Desinteresse kann keine Rede sein. Natürlich ist uns der Ulbricht-Nachfolger nicht gleichgültig gewesen. Aber alles verlief viel weniger dramatisch und spektakulär, als manche heute denken.

Unser Herangehen war ja sehr getragen von dem Wunsch, der Partei helfen und dienen zu wollen. Unter allen Umständen. Daß an die Spitze jemand gelangen würde, der der Aufgabe gewachsen ist, stand für uns außer Frage.

Anders war das schon, als Erich Honecker dann selber an der Spitze stand, und es um seinen möglichen Nachfolger ging. Da wurde in der Hauptsache Werner Lamberz genannt, auch Werner Felfe war mal im Gespräch. Im Sinne eines kontinuierlichen Übergangs, der auch vorbereitet werden müßte.

Steckt in der geschilderten demütigen Haltung, mit der Veränderungen in der Leitung der Partei erwartet wurden, nicht in vielerlei Hinsicht eine Unterschätzung der Außenwirkung, die zwangsläufig ein solches Amt besaß? Diese Leute mußten sich auch nach außen vergleichen lassen, mit denen beispielsweise, die in der BRD das Sagen hatten. Spielte das überhaupt eine Rolle bei der Beurteilung?

Man ging tatsächlich nicht in erster Linie danach, wie einer reden kann, wie er repräsentiert, wie sicher er öffentlich wirkt. Sondern woher er kommt, in welcher Tradition er steht, welche Interessen er vertritt. Dafür galten Kriterien in der SED, die mit denen für bürgerliche Politiker überhaupt nicht vergleichbar waren. Nicht zuletzt spielte eine Rolle, daß in der SED niemand Erster Sekretär werden konnte, mit dem die Spitze der KPdSU nicht einverstanden gewesen wäre.

Was die mehr oder weniger große Schönheit des Redens beispielsweise betrifft: Ich habe immer gut gefunden, daß Erich Honecker Klarheit vor Schönheit stellte. An den Texten wurde sehr lange und sehr gründlich mit diesem Ziel gearbeitet. Das ist ganz sicher auf Kosten der Eleganz und des Flusses der Reden gegangen. Es hing auch damit zusammen, daß seine Ausführungen, nach unserem damaligen politischen Grundkonsens, einen hohen Verbindlichkeitsgrad haben mußten. Die unausweichliche Folge war die Beschränkung des Raumes für Interpretationen. Kann man heute darüber streiten, ob es notwendig oder richtig war, so zu handeln. Es ist aber schlicht so gewesen.

Können Sie etwas darüber sagen, wie sich Honeckers Machtbewußtsein im Laufe der Zeit veränderte? Und Ihres vielleicht auch?

Machtbewußtsein ist ja nicht von vornherein etwas Schlechtes. Erich Honecker brauchte es einfach. Im Sinne der Wahrnehmung von Möglichkeiten und zur Realisierung von als nützlich erkannten Dingen. Auch, um Wirkungen zu verhindern, die denen entgegenstanden, die er beabsichtigte. Insofern muß ich erst einmal sagen, daß er seine Ämter mit großer Ernsthaftigkeit gehandhabt hat. Nicht lax,

auch nicht mit Verbissenheit, schon gar nicht mit Verliebt-
heit in die Größe seiner Möglichkeiten.

Was mich selbst angeht, habe ich mich immer als Assi-
stent gesehen, als einen, der ihm seine Arbeit erleichtern
sollte. Darüber ist es nie hinaus gegangen...

*...Honeckers unbestrittene Entscheidungfreude spricht
dafür, daß er nicht jeden Hintergrund einer Situation voll
ausleuchtete.*

Das mag sein. Wer leuchtet schon jeden Hintergrund einer Situation voll aus? Für meine Begriffe berührt Ihre Frage einen sehr wichtigen Punkt des Lebens der SED, ihrer
Entwicklung und auch, wenn man so will, ihres Endes
1989. Das ist das Verhältnis zum Zweifel.

Da wären übrigens eine Menge historischer Aspekte an-
zuführen, die ich jetzt nicht einzeln berühren kann.

Wesentlich war in dieser Beziehung, daß wir aus der
marxistisch-leninistischen Weltanschauung heraus, zu der
wir uns bekannten, viele Geschehnisse bei uns und in der
Welt auf den Nenner ihrer Gesetzmäßigkeiten zu bringen
versuchten. Es lag eine große Verführung darin, die eigene
Interpretation der Wirklichkeit anhand dieser Gesetzmäßigkeiten für wissenschaftlich und damit unangreifbar zu
halten. Es stellte sich die ehrliche Überzeugung ein, die
Analyse eines Problems allseitig vorgenommen und abge-
wogen zu haben.

Aber diese Verführung, von der ich sprach, hat dann mit
sich gebracht, daß oftmals subjektive Gründe verabsolu-
tiert und irgendwie weltanschaulich heilig gesprochen wurden. Da machte es sich mancher auch leicht, indem er anderen den Mund stopfte durch Berufung auf die Gesetzmäßigkeiten und den Stand der Ausarbeitung. Das gab es.

Mir schien, daß die produktive Wirkung, die der Zweifel hat auf die Ausarbeitung von Politik, auf die Überprüfung ihrer Resultate, auf die mögliche oder notwendige Änderung von Politik bei uns, immer geringer veranschlagt, fast zu etwas Obsoletem wurde. Das hing mit den zunehmenden Schwierigkeiten und der damit natürlich verbundenen Machtfrage zusammen.

Der Begriff Macht war im Bereich des realen Sozialismus ein absolut positiv besetzter Begriff. Daß Machtausübung immer auch ihre Schattenseiten hat, spielte doch, wenn es beispielsweise um die Macht der Arbeiterklasse ging, gar keine Rolle.

Die Machtfrage war ein Axiom. Und dieses Axiom hatte seine hauptsächlichen Gründe nicht bzw. kaum in der beschränkten oder willkürlichen Denkweise derer, die die These von der unbedingt notwendigen Erhaltung der Macht der Arbeiterklasse akzeptierten. Es war vielmehr eine Schlußfolgerung aus historischen Erfahrungen. Man darf nicht vergessen, daß die Kommunisten seit ihrer Existenz und erst recht bei den Nazis einen hohen Blutzoll wegen ihrer Gesinnung entrichtet hatten. Und was beispielsweise ihre Haltung zum Faschismus betraf, behielten sie ja recht. Beinahe gegen ein ganzes Volk. Da hat sich ihre Prinzipienfestigkeit doch sehr bewährt. Überzeugungstreue oder Zweifel waren für sie vielfach eine Frage von Leben und Tod. Das hat Spuren hinterlassen, mußte sie hinterlassen.

Sie meinen, daß diese speziellen biographischen Erfahrungen von Erich Honecker und anderen im Politbüro der

SED die Überzeugungssicherheit bis hin zum Dogmatismus gefördert haben?

Die Überzeugungssicherheit haben sie bestimmt gefördert. Dadurch mag auch Dogmatismus begünstigt worden sein. Er geht aber noch auf ganz andere Ursprünge zurück. Aber damit wir uns nicht mißverstehen: Nichts rechtfertigte es, den Zweifel von vornherein mit dem Odium der Obstruktion zu versehen.

Erich Honecker hat in seiner Autobiographie „Aus meinem Leben" festgestellt, daß er niemals zweifelte an den Idealen des Sozialismus. Das konnte man als Gleichgesinnter damals nur hoch schätzen. Das war und muß der Halt gewesen sein in dieser Haftzeit. Ich glaube, davon ist dann viel hinübergenommen worden in seine Arbeit als Staatsmann und Parteifunktionär. Nebst manchem, was er in der Kindheit im proletarischen Elternhaus als Ideal empfunden hat. Es hat seinen Politikstil und sein ganzes Politikverständnis bestimmt.

Und ich weigere mich nach wie vor, das heute durchgängig schlecht zu reden oder gar zu denunzieren...

MARGOT HONECKER

Geboren 1927 in Halle. Vorsitzende der Pionierorganisation, jüngste Abgeordnete der ersten DDR-Volkskammer, Heirat mit Erich Honecker 1953. Eine Tochter, Sonja. Ministerin für Volksbildung der DDR seit 1963. Rücktritt 1989.

SPOTLESS: Stimmt es, dass Sie generell keine Interviews mehr geben?

MARGOT HONECKER: Das trifft zu.

SPOTLESS: Haben Sie dafür triftige Gründe?

MARGOT HONECKER: Allerdings. Ich sehe keinen Sinn darin, Fragen von Autoren oder Reportern zu beantworten, deren Absicht letztlich nur darin besteht, den Feldzug gegen den Sozialismus fortzusetzen. Ich habe in unserem Buch die Fragen Luis Corvalans beantwortet. Kein Problem also, sich über meinen Standpunkt zu informieren.

SPOTLESS: Die „Frankfurter Allgemeine Zeitung" schrieb in einer Rezension, dieser „Interviewband deutet darauf hin, dass man von ihr keine 'objektiven Schilderungen oder gar Wertungen' erwarten kann".

MARGOT HONECKER: Diese Behauptung bestätigt doch nur meine These.

SPOTLESS: Und warum nun die Interview-Ausnahme bei Spotless?

MARGOT HONECKER: Ein Grund war, dass Spotless, noch vor Ende des unseligen Prozesses gegen meinen Mann, ein Taschenbuch herausgab, in dem die Wahrheit ungefälscht verbreitet wurde. Aber das war nicht alles. Als ich das Konzept dieses Buches las, kam ich zu dem Schluss, dass es den Autoren nicht nur um die Person Erich Honekker geht. Mit der Verleumdung seiner Person sollen doch auch die Biografien und Lebensläufe vieler Tausend ehrenhafter Kommunisten und DDR-Bürger beschädigt werden. Und drittens soll meine Mitwirkung an diesem Buch Solidarität mit all denen bekunden, die daran mitgewirkt haben, die DDR aufzubauen. Damit kennen Sie nun alle Gründe, warum ich Interview-Antworten gab, vor allem aber den Autoren Zusammenhänge erläuterte, die bislang selten oder nie erwähnt wurden und Dokumente zur Verfügung stellte, die noch nie publiziert wurden.

SPOTLESS: Vielen Dank für Ihre tatkräftige Hilfe. Und noch einmal gefragt: Sie sehen keinen Sinn in Interviews?

MARGOT HONECKER: Haargenau. Ich habe meine Erfahrungen gemacht. Die Fragesteller wollen gar nicht meinen Standpunkt zu unserem Leben erfahren, sondern mit mir die so genannten Fehler erörtern. Ich wiederhole: Ich habe mich in meinem Buch zu vielem geäußert, auch darüber, was wir hätten anders oder besser machen können und welche Fehler man analysieren sollte. Sie haben selbst die FAZ und deren Meinung dazu vorgelesen. Nebenbei: Ich meine, all diese Dinge sollten die Beteiligten erörtern und besser nicht in der „Super-Illu", von der ich wohl zu Recht annehme, dass ihr am Sozialismus herzlich wenig gelegen ist.

Wann immer ich bislang ein Wort äußerte, führte das zu heftigen Schimpfkommentaren. Dass die sich persönlich gegen mich richteten, störte mich nicht. Ich weiß schließlich, dass Kommunisten für ihre Überzeugung in solchen Medien noch nie gelobt wurden. Aber es missfiel mir, dass diese Angriffe auch nur wieder in Attacken gegen die DDR und gegen den Sozialismus gipfelten. Ich wiederhole mich, aber ich habe mir die Antworten in dem Buch mit den Fragen von Luis Corvalan gut überlegt. Lesen Sie die Rezensionen. Das Fazit lautete in der Regel: Man hatte eigentlich von mir etwas hören wollen, was ich weder jetzt noch sonstwann sagen werde, und zwar weil es meiner Überzeugung widerspricht.

SPOTLESS: Werden Sie denn oft um Interviews gebeten?

MARGOT HONECKER: Oh, oh, sehr oft. Die meisten Nachfragen sind mit sehr lukrativen Offerten verbunden. Vielleicht hat man mit anderen die Erfahrung gemacht, dass Geld die Gesinnung ändert.

SPOTLESS: Auch Medien darunter, die im heutigen Deutschland eine große Rolle spielen?

MARGOT HONECKER: Sie stellen die Mehrheit. Ich werde sie aber aus Gründen der Fairness nicht nennen.

SPOTLESS: Sie werden also nie mehr Interviews geben?

MARGOT HONECKER: Man soll nie „nie" sagen.

SPOTLESS: Wie fühlen Sie sich in Chile?

MARGOT HONECKER: Dieses Land hat viel für uns getan und das werde ich ihm nicht vergessen.

SPOTLESS: Spüren Sie zuweilen Einsamkeit?

MARGOT HONECKER: Das Bild der einsamen, verbitterten Witwe ist einfach dumm. Ja, mir fehlt der persönliche Umgang mit meinen Freunden und Genossen in Deutschland. Die Entfernung ist groß. Ich habe viele Freunde hier, die mich besuchen, und ich bekomme täglich viele Briefe aus Deutschland - wohlgemerkt aus ganz Deutschland - und anderen Ländern. Allein das Schreiben der Antwortbriefe beschäftigt mich mindestens zwei Tage in der Woche. Man bittet mich sehr oft um Autogramme, vor allem aber um meine Meinung zu politischen Fragen. Ja, die Woche hat auch hier einen festen Rhythmus. Und schließlich leben hier meine Tochter, mein Enkel und meine Enkelin.

SPOTLESS: Werden Sie oft an Ihre Heimat erinnert oder an Ihre politische Vergangenheit?

MARGOT HONECKER: Ich weiß, was in der Welt vor sich geht, das Weltgeschehen macht um Chile keinen Bogen.

Ich fühle mich mit denen verbunden, die sich dagegen wehren, dass das heutige Deutschland, in dem ständig versichert wird, dass man in „uneingeschränkter Solidarität" - in meinen Augen ein Missbrauch dieses Wortes - und „größerer Verantwortung" militärisch wieder an der Spitze in Kriege marschieren soll.

Dass Deutschland bereits zum zweiten Mal seit dem Ende der DDR an einem Krieg beteiligt ist, kann mich auch in der Ferne nicht unbeteiligt lassen. Jeder weiß, was Erich Honecker unternahm, um Krieg von Deutschland abzuwenden, und er hat immerhin erreicht, dass Helmut Kohl sich nicht davor drücken konnte, seiner Forderung zuzustimmen, dass von Deutschland nie wieder ein Krieg ausgehen darf. Das kann niemand ignorieren, ungeachtet all der Halbwahrheiten und Lügen, die ständig über die DDR und über ihn verbreitet wurden und noch immer verbreitet werden. Ich war erfreut darüber, dass die PDS im Bundestag gegen den Krieg gestimmt hat. Und es macht mich froh, dass die Friedensbewegung wieder zu wachsen beginnt und in ihr viele junge Menschen aktiv sind.

SPOTLESS: Sie hatten es am Anfang sicher schwer in Chile. Wo haben Sie zum Beispiel spanisch sprechen gelernt?

MARGOT HONECKER: Meine Freunde halfen mir und ar sonsten auf der Straße, beim Bäcker, im Minishop, bei den Nachbarn, mit denen ich mich gut verstehe. Heute kann ich mich verständigen.

SPOTLESS: Man sah Sie dieser Tage mitten in Santiago, unweit der Moneda mit einem Schüler reden. Was wollte der von Ihnen?

MARGOT HONECKER: Ein Schüler? Jetzt erinnere ich mich. Er hat mit seinen Klassenkameraden auf der Straße für seine Schule Geld gesammelt. Das erinnerte mich natürlich an meine Vergangenheit und - so störend dieser Hinweis für andere Interviewpartner klingen mag - an das Bildungswesen in der DDR.

SPOTLESS: Wie viel Pesos haben Sie ihm gegeben?

MARGOT HONECKER: Sicher zu wenig, aber ich schwimme verständlicherweise nicht im Geld. Es waren wohl 500 Pesos, das ist etwas weniger als ein Dollar, und der wird jetzt hier gerade mit 2,22 DM gehandelt.

SPOTLESS: Ihre Familie ist wohlauf?

MARGOT HONECKER: Kann man sagen. Mehr nicht zu diesem Thema, denn die Familie mag Journalisten und ihre Fragen noch weit weniger als ich. Aus Erfahrung...

SPOTLESS: Clodomiro Almeyda, Außenminister unter dem ermordeten chilenischen Präsidenten Salvador Allende und Vorsitzender der Sozialistischen Partei Chiles, hat als Botschafter in Moskau viel für Sie getan. Haben Sie heute noch Kontakt zu dessen Familie?

MARGOT HONECKER: Ich bin nach wie vor mit seiner Witwe befreundet.

SPOTLESS: Es heißt, dass sich chilenische Ärzte mit viel Engagement um Erich Honecker gekümmert haben, als er hier eintraf. Es gibt auch in Deutschland genügend Mediziner, die versichern, dass man aus ärztlicher Sicht verantwortungslos mit seiner Krankheit umging, so verantwortungslos, dass das den Eid des Hippokrates krass verletzte.

MARGOT HONECKER: Ich kann nur bestätigen, dass die chilenischen Ärzte alles Menschenmögliche für ihn getan haben. Was man in Deutschland tat, darüber gibt auch dieses Buch Auskunft. Jeder kann sich sein Urteil selbst bilden. Ich muss meins nicht wiederholen.

SPOTLESS: Es heißt, es war einer der letzten Wünsche Erich Honeckers, in deutscher Erde begraben zu werden.

MARGOT HONECKER: Das stimmt.

SPOTLESS: Und?

MARGOT HONECKER: Wie sagen die Briten in solchen Situationen: No comment. Manches braucht seine Zeit

SPOTLESS: Welche deutschen Zeitungen lesen Sie in Chile?

MARGOT HONECKER: „Bild" nicht. Man schickt mir natürlich viele kommunistische Zeitungen und Zeitschriften, und die lese ich sehr aufmerksam. Nicht selten schicken mir Freunde - ich weiß aber nicht, ob ich das hier überhaupt preisgeben darf, ohne neue Anti-DDR-Attacken im Bundestag auszulösen - auch den Pressedienst der PDS-Fraktion, den ich für gut gemacht halte. Auch die großbürgerlichen deutschen Blätter kann man notfalls am Kiosk kaufen. Die aktuellen Nachrichten erfahre ich aus dem Fernsehen.

SPOTLESS: Werden Sie eines Tages nach Deutschland zurückkehren?

MARGOT HONECKER: Könnten Sie sich ein Motiv dafür vorstellen?

SPOTLESS: Sie wissen natürlich auch, welche Rolle die Werbung heute spielt. Deshalb die Frage: Lesen Sie Spotless-Bücher?

MARGOT HONECKER: Alle, derer ich habhaft werde Aber sind Sie sicher, dass diese Auskunft nicht ihrem Verlag eher schadet als nutzt?

SPOTLESS: Da halte ich es mit Ihnen: es tangiert mich nicht. Noch eine Frage: Wie steht es um Ihre Gesundheit? Als wir vor einiger Zeit Ihr Buch in Berlin vorstellten, hatte die „Super-Illu" gerade gemeldet, dass Sie todkrank seien, was die anderen Medien natürlich ignorierten, als sich herausstellte, dass es eine der üblichen Lügen war...

MARGOT HONECKER: Ich werde 75, bin mit meiner Gesundheit einigermaßen zufrieden und hoffe, noch eine Weile erleben zu können, wie sich unsere Welt dreht.

SPOTLESS: Schreiben Sie sich noch mit dem Pfarrer Holmer, der Sie in Lobetal damals beherbergte?

MARGOT HONECKER: Ja.

KLAUS HUHN

Klaus Huhn, geboren 1928, wurde 1945 im Berliner Stadtteil Britz (damals US-amerikanischer Sektor) Mitglied der FDJ und arbeitete sein Leben lang als Journalist. Nach seiner Tätigkeit bei „Neues Deutschland" als Lokal-, Sport- und Gerichtsreporter übernahm er 1952 die Leitung der Sportredaktion.

SPOTLESS: Wie gut haben Sie Erich Honecker gekannt?

KLAUS HUHN: Ein wenig schon. Wir hatten gleich nach Kriegsende in der FDJ zusammengearbeitet - solche Zeiten verbinden - und später einige eher zufällig Begegnungen.

SPOTLESS: Auch negative?

KLAUS HUHN: Damit kann ich nicht dienen. Da käme eher mein früherer Chefredakteur Schabowski infrage. Der handelt gern mit negativen Honecker-Erlebn ssen. Dabei habe ich seine früheren Honecker-Elogen noch nicht vergessen. Ja, damals, als „Schabo" noch ein großer Chef war, war Honecker für ihn der „ganz Große".

SPOTLESS: Schweifen Sie nicht ab. Schabowski interessiert uns wenig. Warum soll ein Mann nicht seine Meinung ändern können?

KLAUS HUHN: Ändern? Austauschen wäre treffender. Aber mich interessiert der Typ auch schon lange nicht mehr. Also zu Ihrer Frage und damit zu Honecker. In den Nachkriegsmonaten sind wir uns öfter begegnet. Im amerikanischen Sektor Berlins, wo ich damals lebte, gehörte Zivilcourage dazu, sich zur FDJ zu bekennen. Antikommunismus war noch in allen Köpfen. Einige Male haben wir gemeinsam Veranstaltungen organisiert in Neukölln, auch in der „Neuen Welt" dem großen Bierlokal in der Hasenheide, das inzwischen längst in einen Supermarkt oder so etwas verwandelt wurde. Da haben wir uns meist erst den Kopf zerbrochen, was wir auf die Beine stellen, damit möglichst viele Jugendliche kommen, und hinterher haben wir uns gemeinsam gefreut, wenn wir den Saal gefüllt und unsere Anliegen an den Mann gebracht hatten. Einmal warben wir junge Schauspieler und gewannen sie für die Aufführung einer Szene aus „Florian Geyer", die mit dem Satz endet: „Der deutschen Zwietracht mitten ins Herz!"

Ja, das waren Zeiten, als man noch das letzte Brötchen teilte oder notfalls sogar vierteilte. Dann, erinnere ich mich, sind wir uns beim II. Parlament in Meißen begegnet, und viele Jahre später habe ich verblüfft festgestellt, was er für ein glänzendes Gedächtnis hatte.

SPOTLESS: Bei welchem Anlass?

KLAUS HUHN: Das ist eine ziemlich lange Geschichte. Zum 30. Jahrestag der DDR sollte ein Bildband erscheinen, und der damals dafür zuständige Werner Lamberz alarmierte mich im Winter 1978 und eröffnete mir, dass ich diesen Bildband gestalten sollte, nachdem zwei prominente Verlage die Erwartungen nicht erfüllt hatten. Ich hatte noch nie im Leben einen Bildband gemacht, aber Lamberz, mit dem ich ganz gut befreundet war, ließ sich nicht davon abbringen. Da fragte ich ihn: „Wer will diesen Bildband und wem missfielen die beiden anderen Entwürfe?" Er zauderte nicht und sagte: „Honecker". Da machte ich ihm einen Vorschlag: Ich würde mich damit befassen und etwa ein Drittel des Bandes konzipieren, wenn er verspräche, dass wir dann gemeinsam zu Honecker gehen und dessen Meinung einholen.

SPOTLESS: Störte es Sie nicht, dass Honecker sich sogar um Bildbände kümmerte?

KLAUS HUHN: Keineswegs, denn ich war als Sportjournalist schon ein wenig in der Welt herumgekommen und hatte längst aufgehört darüber zu staunen, wer sich womit befasst. Wenn ihn das interessierte, mich störte das nicht. Er war schließlich einer der Chefs.

Ich setzte mich damals also mit Experten zusammen - Fachleute für die Gestaltung von Büchern und damit auch Bildbänden - und Fotografen. Ich lernte eine Menge dabei und machte mich an die Arbeit.

SPOTLESS: Was haben Sie da lernen können?

KLAUS HUHN: Zum Beispiel, dass auf sehr guten Landschafts- oder Städtebildern möglichst wenig Menschen zu sehen sein dürfen. Ihre Mode verrät nämlich auf cen ersten Blick, wie alt das Foto ist. Aber das nur am Rande. Eines Tages dachte ich, dass es nun an der Zeit wäre, mit dem Entwurf zu Honecker zu gehen. Das war etwa zwei Wochen nachdem Lamberz in der libyschen Wüste bei einem Hubschrauberabsturz ums Leben gekommen war. Sein Nachfolger Joachim Herrmann meinte, dass er die Verhandlung allein führen könne. Er würde mich danach informieren. Ich sagte ihm, dass er natürlich allein zu Honecker gehen könne, dann aber auch den Band alle ne zu Ende bringen müsse. Hin und Her, am Ende gingen wir gemeinsam. Honecker blätterte in den Bildern und stieß auf eins vom Meißner Marktplatz. Amüsiert fragte er mich: „Kannst du dich an den sauren Wein erinnern, den sie uns da zum II. FDJ-Parlament serviert haben? Da unten im Ratskeller. Noch heute ziehen sich die Löcher in meinen Strümpfen zusammen, wenn ich nur daran denke." Soviel zum Thema gutes Gedächtnis.

Er blätterte weiter und blickte eine Weile auf eine Havellandschaft. Es war ein sehr stimmungsvolles Bild, im fahlen Morgenlicht fotografiert. Er fragte mich: „Weißt du, was auf diesem Bild fehlt?" Ich wusste es nicht.

Er lachte: „Eine Wasserleiche, die hier vorübertreibt."

Da wusste ich, was er wollte, und ich fragte ihn geradezu: „Du hast ein Werbeprospekt für die DDR im Sinn? Sonne, Lachen, strahlende Fassaden."

„Haargenau", antwortete er.

Und so entstand dieser Bildband, den er am Ende gelungen nannte. (Und natürlich nannten ihn dann alle gelungen.) Ich fragte ihn noch - was mir einen Fußtritt Herrmanns unter dem Tisch eintrug -, wie oft wie viel Politbüromitglieder auf den Bildern zu sehen sein müssten. Er stutzte einen Augenblick, fragte, ob man sie auf einem Parteitagsbild alle beisammen sehe? Ich bejahte. „Das genügt", sagte er dann und bewahrte mich so vor allen „Vorschlägen", den oder jenen noch „unterzubringen". Menschliche Eitelkeit behauptet sich nun mal in allen Gesellschaftsordnungen.

Auch diese Unterhaltung ließe sich natürlich heute für die, die jetzt seine Person „entdecken", auswerten. Zum Beispiel: Honecker wollte in strahlender Morgensonne fotografierte Potemkin'sche Dörfer und überhaupt nur positive Bilder. Immerhin: Wir hätten niemanden fotografieren können, der unter Brücken schlief.

Bei dieser Begegnung stellte ich fest, dass er geradezu war, offenherzig und unkompliziert. Was lässt sich dagegen einwenden, dass er die DDR in schönen Bildern dargestellt sehen wollte? Da wir inzwischen in einer Werbegesellschaft leben, die fast nur aus Glanzfotos besteht, könnte man höchstens behaupten, dass er seiner Zeit voraus war.

SPOTLESS: Sie lassen nichts auf ihn kommen?

KLAUS HUHN: Das trifft es nicht. Ich möchte ihn nur nicht als Figur missbraucht sehen, an der alle Mängel der DDR demonstriert werden. Zumal dieses Bemühen zuzunehmen scheint, weil so mancher Vorteil der DDR immer öfter zur Sprache kommt. Vor ein paar Tagen wurde in einem Vorort von Magdeburg ein Rentner von drei Jugendlichen erschlagen. Derlei ist in der DDR auch passiert, keine Frage. Aber ein Reporter, der über den Fall schrieb, wollte wissen, wieviel Erschlagene früher in Magdeburg registriert wurden. Ein Kriminalbeamter nannte Vergleichszahlen von 1994. Da fragte der Reporter: „Nein, richtig früher?" Und flugs wurde behauptet, dass da keine Zahlen aufgeschrieben worden waren. Aber der Journalist bohrte weiter und schrieb, dass es früher weniger Morde gegeben hatte. Ich zitiere aus einem Beitrag darüber: „Volker Linneweber, Sozialpsychologe an der Magdeburger Uni weiß warum: 'In autoritär ausgerichteten Gesellschaften ist das soziale Netz enger gestrickt. Die wechselseitige Einflussnahme zur gegenseitigen Erziehung ist dadurch strenger organisiert.' Die Frauen in dem Ort, in dem der Rentner ermordet worden war, meinen das auch. Aber sie sagten es anders: 'Vor die ehrenamtliche Jugendhilfe-Kommission von's Dorf mussten se antreten, wenn se Mist jebaut haben. Das hat jeholfen.'" Ich bin mit diesem Zitat aus dem November 2001 ein wenig abgeschweift, aber es bekräftigt, dass man mit Schablonen der DDR nicht beikommt und dem angeblich alles verschuldenden Honecker demzufolge auch nicht.

SPOTLESS: Zurück zur DDR?

KLAUS HUHN: Diese Frage erinnert mich daran, dass früher jeder, der sich zu einer Gesellschaft ohne Kapitalismus bekannte, aufgefordert wurde, seine Koffer zu packen und nach Moskau zu fahren.

SPOTLESS: Es geht um Honecker und nicht um irgend-einen, der sich zu einer Gesellschaft ohne Kapitalisten bekennt!

KLAUS HUHN: Honecker muss aber als Galionsfigur für alle herhalten, die das taten. Seit über einem Jahrzehnt wurde an einem Honecker-Bild gestrickt, das vor allem nachweisen soll, der Mann war gar nicht imstande, einen Staat ohne Kapitalismus zu leiten. Begreifen sollen die Menschen auf diesem Umweg: Ohne Kapitalisten geht es nicht! Nehmen sie nur den Mann, der Milliarden Mark für die DDR erwirtschaftete: Schalk-Golodkowski. Er schloss seine Memoiren mit den Worten: „Die Idee der sozialen Marktwirtschaft, von der wir früher wenig wussten, finde ich heute überzeugend."[33] Faszinierend, wie sich Men-schen verbiegen können: Ausgerechnet Schalck-Golodkowski wusste „früher wenig von der sozialen Marktwirtschaft".

Und vergessen machen will man auch: Vierzig Jahre musste die BRD zähneknirschend auf diesen ungeliebten Nachbarn Rücksicht nehmen. Fast überall saß Honecker unsichtbar mit am Tisch. Und eines Tages salutierte man sogar in Bonn vor ihm. Die „Vermerke", die von seinen Unterhaltungen mit den führenden Politikern der BRD während der Besuchsreise 1987 zu Papier gebracht und die in den „Moabiter Notizen" gedruckt wurden, sind kein spannender Lesestoff, aber faszinierende Lektüre für alle, die das Wort „Aufarbeitung" ernst nehmen. Der CDU-Ministerpräsident von Rheinland-Pfalz, Bernhard Vogel, zum Beispiel hatte Honecker am 10. September empfan-gen. Der CDU-Obere hatte Trier gewählt, weil die Stadt bekanntlich der Geburtsort von Karl Marx ist. Und in sei-ner Tischrede hatte der Gastgeber sogar Marx als großen Denker gepriesen. Würde er heute irgendwo diese Rede wiederholen, würde man ihn in die nächste Nervenheilanstalt karren lassen.

Danach hatte man sich in kleinem Kreis zusammengesetzt. Was da geplaudert wurde, findet man in einem der „Vermerke": „E. Honecker verwies auf die übe-durchschnittliche Entwicklung des Handels zwischen der DDR und Rheinland-Pfalz in letzter Zeit. B. Vogel stimmte dem zu. Zwei Produkte lägen ihm besonders am Herzen, Wein und Schuhe. Er bitte, dies bei der Handelsentwicklung besonders zu berücksichtigen."[34] Bernhard Vogel hatte also Erich Honecker damals gebeten, die DDR möge doch künftig noch mehr Wein und Schuhe aus Rheinland-Pfalz importieren. Das war der gleiche Vogel, der später in Thüringen regierte und dort jeden dritten Tag irgendwo wissen ließ, dass die DDR nicht nur marode sondern auch Pleite, zudem unmenschlich und unmoralisch war. Aber geeignet, pfälzischen Wein und rheinische Schuhe zu kaufen. Zu befürchten ist auch, dass er Marx nur Honecker zuliebe pries, denn jemand, der sich heutzutage in Thüringen als Marxist ausgibt, muss damit rechnen dass sich der Verfassungsschutz für ihn interessiert.

SPOTLESS: Und was hat das mit der Person Horecker zu tun?

KLAUS HUHN: Dass man ihn 1987 feierlich einluc, ihm Wein von den Reben kredenzte, die heute noch dort stehen, wo schon zu Marxens Zeiten der Wein reifte, den der große Denker mit Vorliebe trank, und ihn zwei Jahre später mit einer ebenso unmenschlichen wie ungesetzlichen Treibjagd verfolgte. Sie pfiffen sogar auf die Gutachten der Ärzte, die attestiert hatten, dass er todkrank sei. Sehen wir von denen in Moskau ab, die Order aus dem Kreml bekommen hatten, ihn „gesundzuschreiben", weil Genscher und Kinkel das vom Kreml-Herren verlangt hatten. Nicht nur Mediziner wissen, wessen sie sich damals schuldig machten. Einige von denen, die ihn in Deutschland untersuchten und ihre Diagnose „verhandlungsfähig" niederschrieben, obwohl jeder wusste, wie todkrank er war, sollten sich bei Gelegenheit den Paragrafen über unterlassene Hilfeleistung durchlesen und auch lesen, welche Strafen darauf stehen.

SPOTLESS: Sie hatten von verschiedenen Begegnungen mit ihm gesprochen?

KLAUS HUHN: Ja, da waren noch einige. Einmal, das war zu Beginn der sechziger Jahre, rief er mich zu Hause an, bat mich, in sein Büro zu kommen. Es muss schon früher Abend gewesen sein, und ich fragte nach dem Termin am nächsten Morgen. „Nein, jetzt", antwortete er. In seinem Büro erzählte er mir, man habe ihn gerade informiert, dass der Skispringer Harry Glaß bei den Olympiaausscheidungen mit der BRD in Innsbruck schwer gestürzt und ins Krankenhaus eingeliefert worden sei. Die Mannschaft war weitergereist zur nächsten Ausscheidung und hatte Glaß zurücklassen müssen. Ob ich nicht gleich losfahren könnte, um mich um ihn im Krankenhaus zu kümmern. Ich fuhr los. Früh am Morgen stand ich am Bett des Skispringers. Glaß litt unter großen Schmerzen und bat mich inständig, ihm ein paar Flaschen gutes Bier zu beschaffen, damit er endlich schlafen könne. Der Arzt willigte in die Bier-Therapie ein und ich holte es ihm. Wenn er nicht schlief, saß ich an seinem Bett und wir plauderten.

Auch diese Begegnung lässt sich natürlich „umdeuten": Ein berühmter Skispringer, an dem ihm lag, vielleicht sogar, weil er Angst hatte, der würde vielleicht abhauen. Um andere Kranke hat er sich nicht so gekümmert.

SPOTLESS: Sie werden Auskunft darüber geben können, wie eng seine Bindungen zum Sport tatsächlich waren...

KLAUS HUHN: So eng, dass es selbst dem langjähr gen IOC-Präsidenten Samaranch nicht entging. Nach dem Boykott der Olympischen Spiele 1984 in Los Angeles ließ er den IOC-Präsidenten wissen, dass sich die DDR nie wieder an einer solchen Aktion beteiligen würde. Der spürte bald, dass er sich auf dieses Wort Honeckers verlassen könnte und setzte auf ihn, als die Spiele 1988 ins südkoreanische Seoul vergeben und sehr bald rund um Moskau Empfehlungen laut wurden, auch dort auf eine Teilnahme zu verzichten. Honecker versicherte Samaranch, dass die DDR in Seoul starten würde. Die Verleihung des goldenen IOC-Ordens an Honecker war eine deutliche Geste des Präsidenten. Dass man dem IOC nahe legte, diese Auszeichnung nach Honeckers Verhaftung rückgängig zu machen, illustriert die Situation. Samaranch ließ sich übrigens auf keinen Disput zu diesem Thema ein.

SPOTLESS: Es war schon viel von Honeckers sozialen Entscheidungen die Rede, die oft wirtschaftlich kaum zu begründen waren. Können Sie das bestätigen?

KLAUS HUHN: Ja. In Oberhof hatte man etwa zu der Zeit, da er in seine höchste Funktion aufstieg, das Panorama-Hotel errichtet. Man wollte Devisen damit erwirtschaften. Er setzte sich mit dem Vorschlag durch, die Hälfte des Hotels als Gewerkschafts-Ferienheim zu nutzen, und erklärte mir das während einer Autofahrt von Oberhof nach Ilmenau so: „Wie haben wir uns als Halbwüchsige die Nasen an den Scheiben der großen Hotels platt gedrückt, in denen die Reichen tafelten. Ich habe mir geschworen, in einem Staat wie der DDR dürfe es so etwas nicht geben."

Zu denen, die ihre Memoiren nutzten, um mitzuteilen, dass Honecker an vielem schuld war, gehört auch der schon erwähnte „Devisenbeschaffer" Schalck-Golodkowski, der wenigstens so aufrichtig war, nun das Motiv zu enthüllen, warum er in der DDR die Parteischule besuchte: „Ich wollte die Prüfungen bestehen, um Karriere zu machen."[35] Als er dabei war, diese Karriere in Angriff zu nehmen, widerfuhr ihm folgendes: „Ende der sechziger Jahre gelang es, durch eine Finanzierung von KoKo in Warnemünde mit dem Hotel Neptun ein Haus der Spitzenklasse zu errichten... die Hotelgäste aus dem Westen sollten... für Devisen in den Kassen der DDR sorgen. Honecker aber fand, dass dieses schöne Haus in erster Linie unseren Werktätigen zur Verfügung stehen sollte."[36]

Auch in diesem Fall hatte er vielleicht unökonomisch gehandelt, hatten Experten sogar dringend davon abgeraten, aber seine von Emotionen geprägten Entscheidungen waren vornehmlich soziale Emotionen, geprägt durch seinen Lebenslauf. Reicht das für die Losung „Nieder mit Honecker"?

SPOTLESS: Wie konnten jetzt seine Prozessakten auf den Antiquitätenmarkt geraten? Seine Witwe soll sie verkauft haben.

KLAUS HUHN: Auch in diesem Fall gilt: Der Lügen-Feldzug ist noch lange nicht beendet.

Am 3. November 2001 erschien in der „Berliner Zeitung" der Artikel, in dem eine Verkaufsmesse in Berlin geschildert wurde: „Karl-Heinz Kaiser ist gerannt, die Treppe rauf in den ersten Stock. Aus einem Pulk von 50 Leuten musste er sich lösen, mit Ellbogen kämpfen, Erster sein. In der Zeitung hatte er gelesen, dass bei der Antiquitätenmesse 'liber Berlin' Erich Honeckers Handakten aus dem Politbüro-Prozess verkauft werden, mit handschriftlichen Anmerkungen des ehemaligen DDR-Staats- und Parteichefs. Er wusste, dass er schnell sein muss. Dass es andere Interessenten geben würde. Aber jetzt hat er sie. Sieben Aktenordner mit grauen, gelben, roten, grünen und blauen Deckeln. 580 von einstmals 783 Seiten sind darin abgeheftet... Kaiser war der Erste am Stand von Antiquariatshändler Bernhard Blanke, und er hatte den Scheck über 12 500 Mark schon in der Hand. Ein Käufer, der im Auftrag des Hauses der Deutschen Geschichte in Bonn angerannt kam, war zu spät.

Blanke erwarb die Schriften im vergangenen Jahr von einem Zwischenhändler, der sie wohl Margot Honecker in Chile abgekauft hat... Blanke hat die Schrift nur zum Teil gelesen und schnell festgestellt: 'Honecker war ein starrer, lernunfähiger Mann.'"

Selbst ein unbedarfter Antiquitätenhändler taugt also zum Anti-Honecker-Agitator, denn die Akte, die er da las, war ja immerhin die Anklageschrift und die stammte bekanntlich nicht von Honecker, sondern von den Staatsanwälten. Ins Stottern würde er wohl geraten, wenn man ihn fragen würde, woher er denn nun die Akten tatsächlich hat? Die Wahrheit ist nämlich: Niemand anders als jener Kaiser steckte dahinter. Und der verriet in dem Artikel auch hemmungslos sein Motiv: „'Mal sehen, was der Markt so hergibt', sagt er" und gesteht, dass er selbst schon lange mit Honecker-„Andenken" handelt: „Haus der Geschichte? Die haben ihm schon Honeckers Haftbefehl abgekauft, sagt er."

1992 erschien die letzte Rede Erich Honeckers vor dem Gericht als Broschüre. In ihr findet man ein Nachwort, das mit den bei Julius Fucik ausgeliehenen Worten endet: „Menschen... seid wachsam." Geschrieben hat das Karl-Heinz Kaiser. Und zu Recht: Man muss wachsam sein bei Kaiser!

SPOTLESS: Was hatte Sie eigentlich bewogen, zusammen mit Eberhard Panitz 1993 das Buch „Der Prozeß" herauszugeben?

KLAUS HUHN: Eine kuriose Konstellation: Der Spotless-Frager erkundigt sich beim Spotless-Verleger. Das Motiv für das vornehmlich von Erich Selbmann geschriebene Buch war die Absicht, Wahrheit zu verbreiten. Ich will nur einen Satz aus dem Selbmann-Report zitieren: „Wäre - was nie ganz auszuschließen war - Erich Honecker im August 1989 während seiner ersten Krebsoperation im Operationssaal gestorben, wäre er als Staatsratsvorsitzender beigesetzt worden und die Großen dieser Welt - von Gorbatschow über Bush, Mitterand, dem Papst, dem UNO-Generalsekretär bis hin zu Helmut Kohl wären gekommen oder hätten Vertreter geschickt. Sie hätten Beileid bekundet, Reden zu seinem Lob widerspruchslos angehört und vielleicht sogar selbst sein Leben gewürdigt. Kein Wort wäre zu den Vorwürfen gefallen, weshalb man ihn heute aburteilen möchte."[37]

Wir haben damals das Buch mit der Bemerkung eingeleitet: „Als es zu entscheiden galt, ob man mit dieser Publikation bis zum offiziellen Ende des Prozesses warten sollte, empfanden Autor und Herausgeber am Ende des Jahres 1992, dass das Urteil über dieses Verfahren bereits gefällt ist..." Und deshalb konnten wir es seinem Begleiter in die Hand drücken, als Honecker Deutschland verlassen musste, und er selbst konnte es im Flugzeug lesen.

Wir haben also schon ein Honecker-Buch herausgebracht, als andere das Thema noch für suspekt hielten und glaubten, er würde sehr schnell in Vergessenheit geraten.

SPOTLESS: Dann haben sie zusammen mit Das Neue Berlin ein Buch von Margot Honecker herausgebracht. Interessierte das jemanden?

KLAUS HUHN: Kann man guten Gewissens sagen, obwohl die Medien viel taten, um es in Misskredit zu bringen.

SPOTLESS: Medienschelte?

KLAUS HUHN: Zum Beispiel: Es gibt Leute, die die „Berliner Zeitung" für seriös halten und einen gewissen Widmann für einen profilierten Journalisten. Er kam zur Buchpremiere und schrieb darüber einen 102-Zeilen-Report. Fünf Zeilen informierten über das Buch, 25 widmeten sich meinen Familienverhältnissen - diese Passage strotzte noch von Fehlern, er schrieb mir sogar einen anderen Vater zu - und das Ende war die fulminante Feststellung: „Die Revolution ist vorüber. Ein paar Jahrzehnte hat sie Staat gemacht. Jetzt ist sie wieder in die verrauchten Kneipen der Boheme abgeduckt, und nur noch wie aus 'fernem Land' hört man die Stimmen der Gralsritter des Klassenkampfs, ein Nachklang des grausigen-großen zwanzigsten Jahrhunderts." Die BZ-Leser konnten aufatmen: Keine neue rote Gefahr am Horizont!

SPOTLESS: Und nun „Auskünfte über Erich Honecker". Warum?

KLAUS HUHN: Weil Mangel herrscht an exakten Auskünften.

SPOTLESS: Aber von Ihnen selbst stammt doch die Feststellung, dass in letzter Zeit viele Honecker-Biografien erschienen sind.

KLAUS HUHN: Bei denen wurde man zu häufig an Goethes Worte aus dem „Torquato Tasso" erinnert: „So fühlt man Absicht, und man ist verstimmt."

SPOTLESS: Das würden Sie zum Beispiel auch Andert vorwerfen?

KLAUS HUHN: Zu der Frage fällt mir nichts Besseres ein, als den Verleger Oehme zu zitieren, der einen Andert-Auftritt gekonnt mit den Worten beschrieb: „Die Mitteilung, dass der Untergang der DDR aus der Verabredung zwischen einem seehundsbärtigen Liedermacher und einer machtgierigen Megäre herrühre und im wesentlichen durch Verbringung des seinerzeitigen Staatsoberhauptes in sexuelle Abhängigkeit bewirkt wurde", habe das Publikum etwa so befriedigt, wie die Versicherung der Luxemburg-Mörder, das deutsche Volk sei Opfer eines feigen Dolchstoßes in den Rücken geworden.

Ach ja, und dann fällt mir noch ein, dass ich die Gerichtsakte vom Prozess gegen Andert nach dem Erscheinen des ersten Anti-Honecker-Buches vor zehn Jahren eingehend studiert habe. Aus diesem Verfahren rettete er sich damals mit einem Vergleich, nach dem er 100.000 DM hinzublättern hatte.

SPOTLESS: Wo haben sie die gefunden?

KLAUS HUHN: In Chile.

SPOTLESS: Sie waren bei Margot Honecker?

KLAUS HUHN: Zehn Tage. Die Entdeckungen begannen für mich schon bei den „Auskünften" über die Wohnung, in der Erich Honecker starb und sie heute lebt. Der Rechtsanwalt Nicolas Becker war nach Chile gereist, als Erich Honecker noch lebte und schrieb hinterher: „Seine Unterbringung war keineswegs luxuriös, eher im Stil eines einfachen Bahnwärterhäuschens." Diese Feststellung zitierte Neu-Biograf Kunze in seinem Buch auf Seite 180, rügte aber den Juristen im gleichen Absatz: „Es ist untertrieben, Honeckers neues Zuhause mit einem 'Bahnwärterhäuschen' zu vergleichen... er bewohnt eine

Villa mit fünf Zimmern." Und mit dieser Lappalie ist die Honecker-Geschichtsschreibung dieser Leute bereits hinlänglich charakterisiert.

Es erhebt sich also die Preisfrage: Was unterscheidet ein Bahnwärterhäuschen von einer Villa? Wer entscheidet darüber, was man ein Bahnwärterhäuschen nennen darf und was man als Villa einordnen muss?

Im Grunde ein belangloser Fakt, aber seine Behandlung durch Kunze offenbart, wie wichtig wirkliche Auskünfte sind.

Hat Herr Kunze die Villa je gesehen? So weit bekannt ist, war er nie da. Sollte er sich in das Gelände geschlichen haben und würde mit einem Bild des Hauses konfrontiert, würde jeder Vorort-Staatsanwalt ihn der vorsätzlichen Lüge bezichtigen. Und damit bin ich wieder beim Thema: Man lügt wie gedruckt.

Aus dem Klappentext erfährt man, dass Kunze 1991 zum Thema „Neueste Geschichte" promoviert hat. So offenbart sich also „Neueste Geschichte". Einmal dabei, den Mann, der für seine Gesinnung ins Zuchthaus ging, zu diskriminieren, langt er zur nächsten Lüge und erwähnt unbeirrt ein dreimal widerlegtes Bankkonto mit sechsstelligen Dollarsummen. Als Quelle gibt er das Magazin „Focus" Nr. 6 aus dem Jahr 1993 an. Dass sich die darin erwähnte chilenische Bank umgehend für den Missbrauch ihres Namens in dieser Nachricht in Chile gebührend entschuldigte, erfährt man nur, wenn man sich in Santiago de Chile umhört.

Zurück zu ihrer Frage: Ich stand also vor der Mauer, die eine Minisiedlung umgibt - ohne solche Mauern und die dahinter sitzenden Wachen scheint man in Chile im Kampf gegen die Kriminalität in keiner Wohngegend mehr auszukommen - ließ mir von dem wohlgemerkt privaten

Wachtposten das Areal öffnen und suchte nach einer Fünf-Zimmer-Villa. Ich würde heute noch suchen, wenn mir Margot Honecker nicht entgegengekommen wäre.

SPOTLESS: Das Interview mit ihr ist nicht sehr lang geraten?

KLAUS HUHN: Sie erklärt doch hinreichend warum. Sie hatte sich jedenfalls gründlich vorbereitet und genau acht Stapel Dokumente und Protokolle aufgeschichtet und säuberlich markiert. Ich brauchte Tage, um sie alle zu lesen und mich dann zu entscheiden, welche man zitieren sollte, um exakte Auskünfte zu liefern. Ich bin dennoch ohne Illusionen: Die Widmänner, die FAZ und die „Super" werden wieder ihre Zeilensalven verschießen und ihre Freude bekunden, dass im Augenblick keine Revolution droht. Und wieder wird man versichern, dass Internas verschwiegen werden und Mangel an Entschuldigungen konstatiert wurde.

SPOTLESS: Haben Sie nur Margot Honecker getroffen?

KLAUS HUHN: Nein, aber die Liste der Besucher, die mich treffen und sprechen wollten, ist zu lang, um sie hier wiederzugeben. Der Erste, der erschien, war die kommunistische Legende Luis Corvalan, bekanntlich Herausgeber des Margot-Honecker-Buches, und dann waren da viele Chilenen, die damals vor der Militärjunta fliehen mussten und in der DDR Aufnahme fanden. Diese Rettung werden sie nicht vergessen, und dass ihre Sympathie noch immer der hilfsbereiten DDR gilt, die längst nicht mehr existiert, wird niemand rückwirkend ändern können. Sie waren in der DDR integriert, ich kann mich keines Überfalls erinnern, der heute hätte dafür zeugen können, dass die Bürger der DDR damit nicht einverstanden gewesen wären. Nur ein simples Beispiel für die Erinnerung der Chilenen an die DDR. Fast alle Chilenen sind begeisterte Fußballfans und in einem der vielen Gespräche, die ich führte, wurde mir als wichtiges Anliegen aufgetragen, Peter Ducke die besten Wünsche mit über den Ozean zu bringen. Jener Chilene war und ist bis heute ein Fan des Jenaers.

AUS HONECKERS TERMINKALENDER
der letzten fünf Jahre seiner Amtszeit

1984

12.1.	Neujahrsempfang für das Diplomatische Korps
27.1.	Empfang des französischen Außenministers Cheysson
30.1.	Empfang des kanadischen Ministerpräsidenten Trudeau
9.2.	Grundsteinlegung für das Wohngebiet Hohenschönhausen
13.2.	Treffen mit Fidel Castro in Moskau
13.2.	Treffen mit Helmut Kohl in Moskau
5.3.	Gespräch mit dem FDP-Fraktionsvorsitzenden Mischnick
14.3.	Gespräch mit SPD-Fraktionsvorsitzenden Hans-Jochen Vogel
29.5.	Empfang für Lehrer und Schüler aus dem Saarland
29.5.	Empfang des Präsidenten der KVDR Kim Il Sung
Juni	Antwortschreiben an den kanadischen Ministerpräsidenten P. Trudeau zu dessen Vorschlägen, der Atomgefahr zu begegnen
8.6.	Empfang des Außenministers von Bangladesh,Shams-ud Doha
14.6.	Treffen mit K. Tschernenko in Moskau
15.6.	Empfang des schwedischen Verteidigungsministers A. Thunborg
20.6.	Treffen mit dem Staatschef von Nikaragua Daniel Ortega
28.6.	Treffen mit dem UdSSR-Verteidigungsminister Dmitri Ustinow
29.6.	Empfang des Ministerpräsidenten Schwedens Olof Palme
3.7.	Gespräch mit H. Krasucki, Generalsekretär des CGT
4.7.	Empfang des griechischen Staatspräsidenten Papandreou
9.7.	Empfang des Ministerpräsidenten Italiens Bettino Craxi und des Außenministers Guilio Andreotti
21.8.	Besuch in Bukarest zum rumänischen Nationalfeiertag
30.8.	Empfang des mexikanischen Malers Martinez Garcia, der ein Bild für die Charité gemalt hatte
31.8.	Sportlerball im Palast der Republik
4.9.	Empfang japanischer Parlamentarier
10.9.	Besuch in Addis Abeba zu den Feierlichkeiten des 10. Jahrestages der Volksrevolution in Äthiopien
18.9.	Empfang des Außenministers der MVR M. Dugersuren
1.10.	Empfang des Generalsekretärs der Sozialistischen Partei

Chiles C. Almeyda
2.10. Treffen mit Gefährten aus den Gründerjahren der DDR
6.10. Rede zum 35. Jahrestag der DDR
8.10. Empfang des UdSSR-Außenminister A. Gromyko
12.10. Empfang des UdSSR-Generals N. Ogarkow
16.10. Staatsbesuch in Finnland, Treffen mit Präsident Kekkonen
2.11. Empfang des Außenministers Simbabwes W. Mangwende
5.11. Empfang des österreichischen Bundeskanzlers Fred Sinowatz
15.11. Empfang des polnischen Verteidigungsministers F. Siwicki
15.11. Empfang des Innenministers Tansanias S. Amour
16.11. Treffen mit dem Polnischen Staatspräsidenten Jaruzelski
30.11. Empfang von A. Tsochatzopoulos, griechischer Staatsminister
4.12. Empfang der Außenminister des Warschauer Vertrages
11.12. Gespräch mit dem Außenminister Belgiens Leo Tindemans
17.12. Staatsbesuch in Algerien, Treffen mit Präsident Bendjedid
20.12. Empfang des Präsidenten Äthiopiens M.H. Mariam

1985

7.1. Empfang des Oberkommandierenden der Streitkräfte des Warschauer Vertrages Marschall V. Kulikow

11.1. Empfang des Ministerpräsidenten von Nordrhein-Westfalen und stellvertretendem SPD-Vorsitzenden Johannes Rau

7.2. Konstituierende Sitzung des Komitees für 750-Jahr-Feier Berlins

11.2. Treffen mit dem Vorsitzenden der Konferenz der Evangelischen Kirchenleitungen der DDR Landesbischof J. Hempel

13.2. Eröffnung der wiedererrichteten Semper-Oper in Dresden

14.2. Inoffizielles Gespräch mit Helmut Schmidt (SPD)

20.2. Empfang für Alvaro Cunhal, Generalsekretär der KP Portugals

27.2. Gespräch mit rumänischem Vizepremier G. Opera

28.2. Empfang für Innenminister des Iran Saadum Shakir Mahmud

10.3. Treffen mit E. Saito, Vorsitzender des Wirtschaftsausschusses DDR-Japan

11.3. Entgegennahme einer Botschaft des indischen Ministerpräsidenten R. Gandhi, überreicht vom indischen Botschafter

12.3. Meinungsaustausch mit Bundesminister M. Bangemann

12.3. Treffen mit Bundeskanzler H. Kohl

12.3. Treffen mit dem polnischen Staatspräsidenten W. Jaruzelski

8.4. Gespräch mit dem kubanischen Verteidigungsminister Raul Castro

9.4. Treffen mit dem britischen Außenminister G. Howe

23.4 - Einladung des italienischen Ministerpräsidenten B. Craxi nach Rom,
24.4. Empfang durch Staatspräsident Pertini und Papst Johannes Paul II.

27.4. Kundgebung in Brandenburg zum 40. Jahrestag der Befreiung des Zuchthauses Brandenburg-Görden

5.5. Staatsbesuch in der UdSSR, Empfang durch M. Gorbatschow

9.5. Staatsbesuch des Präsidenten von Nikaragua D. Ortega in Berlin

16.5. Meinungsaustausch mit Vorsitzendem der SPD-Bundestagsfraktion H.-J. Vogel

17.5. Besuch des Präsidenten der VR Kongo D. Sassou-Nguesso in Berlin

20.5. Gespräch mit chinesischem Vize-Ministerpräsidenten Li-Peng

23.5. Empfang des Regierungschefs der Republik Ghana P. Victor Obeng

28.5. Staatsbesuch des rumänischen Staatspräsidenten N. Ceausescu

3.6. Gedankenaustausch mit dem IOC-Präsidenten J. Samaranch

3.6. Auszeichnung mit dem Olympischen Orden in Gold

5.6. Empfang für Luis Corvalan

6.6. Treffen mit Herbert Wehner (SPD) in Hubertusstock (DDR)

11.6. Besuch des französischen Ministerpräsidenten L. Fabius in der DDR

12.6. Empfang des japanischen Außenministers S. Abe

23.6. Antwortschreiben auf eine persönliche Botschaft des ehemaligen Präsidenten der USA J. Carter über Abrüstung und Sicherheit

2.7. Treffen mit dem Vorsitzenden der KPF G. Marchais

4.7. Empfang des niederländischen Außenministers H. van den Broek
5.7. Entgegennahme des „Orden der Demokratie" der Republik Kolumbien
9.8. Antrittsbesuch des Oberkommandierenden der Gruppe der sowjetischen Streitkräfte in Deutschland General P. Luschew
1.9. Empfang in Leipzig für den Ministerpräsidenten Bayerns F.J. Strauß
5.9. Empfang des Präsidenten der französischen Nationalversammlung L. Mermaz
5.9. Persönliche Botschaft des griechischen Präsidenten C. Sartzetakis
9.9. Empfang des finnischen Ministerpräsidenten L. Sorsa
13.9. Schreiben an Bundeskanzler Kohl zur Bildung einer chemiewaffen-freien Zone in Mitteleuropa
18.9. Empfang für O. Wolff von Amerongen
19.9. Empfang für Willy Brandt
20.9. Aussprache mit Betriebsräten und IG-Metall-Vertretern aus Saarlouis
23.9. Treffen mit dem Krupp-Aufsichtsratsvorsitzenden B. Beitz
2.10. Freundschaftsbesuch in Jugoslawien Empfang durch Staatspräsident R. Vlajkovic
9.10. Staatsbesuch in Griechenland. Treffen mit Staatspräsident C. Sartzetakis. Auszeichnung mit dem „Großen Kreuz des Retters'
23.10. Tagung des Politisch Beratenden Ausschusses des Warschauer Vertrages in Sofia
25.10. Empfang des Verteidigungsministers Afghanistans General M. Nazar
29.10. Freundschaftsbesuch in Ungarn
31.10. Empfang des syrischen Ministerpräsidenten al Kassem
4.11. Empfang des österreichischen Außenministers L. Gratz
6.11. Empfang für den indischen Vizepräsidenten R. Venkataraman
7.11. Empfang des algerischen Hochschulministers A. Bererhi
12.11. Empfang des CSSR-Parlamentspräsidenten A. Indra
13.11. Meinungsaustausch mit dem Saar-Ministerpräsidenten O. Lafontaine
26.11. Freundschaftstreffen mit dem CSSR-Präsidenten G. Husak
4.12. Empfang des rumänischen Ministerpräsidenten C. Dascalescu
4.12. Empfang für die Verteidigungsminister der Staaten des Warschauer Vertrages
16.12. Freundschaftsbesuch in der Volksrepublik Polen
18.12. Empfang für G. Schröder, Mitglied der SPD-Bundestagsfraktion
20.12. Gespräch mit C. Almeyda, Generalsekretär der SP Chiles

1986

10.1. Empfang für Mitglieder des USA-Repräsentantenhauses
17.1. Empfang des polnischen Außenministers M. Orzechowski
27.1. Empfang sambischer Militärs mit General M. Masheke an der Spitze
30.1. Empfang für außenpolitischen Sprecher der britischen Labour Party D. Healy
25.2. Teilnahme am KPdSU-Parteitag in Moskau. Treffen mit M. Gorbatschow. Treffen mit Fidel Castro
15.3. Teilnahme an den Trauerfeierlichkeiten für den ermordeten schwedischen Ministerpräsidenten Olof Palme. Danach Gespräche mit W. Brandt, Bundeskanzler H. Kohl, USA-Außenminister G. Shultz, indischer Ministerpräsident R. Gandhi, NRW-Ministerpräsident Johannes Rau, BRD-Außenminister D. Genscher
15.3. Empfang durch den schwedischen König Carl XVI.
16.3. Gespräch während der Leipziger Messe mit dem Regierenden Bürgermeister von Berlin (West) E. Diepgen, dem FDP-Vorsitzenden Bundeswirtschaftsminister M. Bangemann
4.4. Einweihung des Marx-Engels-Forums in Berlin
7.4. Empfang des spanischen Außenministers F. Ordonez
14.4. Empfang für Präsidenten Äthiopiens M.H. Mariam
22.4. Empfang für M. Gorbatschow
7.5. Empfang des algerischen Außenministers A. Taleb Ibrahim
14.5. Empfang des ungarischen Außenministers P. Varkonyi
15.5. Empfang für Oberbefehlshaber Schwedens General L. Ljung
16.5. Empfang für Ministerpräsidenten Baden-Württembergs L. Späth
20.5. Empfang für chinesischen Staatskommissar Song Kian
26.5. Empfang für österreichischen Verteidigungsminister H. Krünes
28.5. Gespräch mit SPD-Bundestagsfraktionsvorsitzenden H.-J. Vogel
2.6. Gespräch mit dem chinesischen Außenminister W. Xueqian
18.6. Empfang für ägyptischen Außenminister A. Meguid
25.6. Staatsbesuch im Königreich Schweden
19.8. Empfang für Vorsitzenden des Krupp-Aufsichtsrates B. Beitz
3.9. Besuch des belgischen Ministerpräsidenten W. Martens
10.9. Gespräch mit dem Außenminister Kuweits Scheich A-Sabah
15.9. Besuch des griechischen Staatspräsidenten C. Sartzetakis
16.9. Empfang des Präsidenten Nikaraguas D. Ortega
22.9. Empfang für den Kongress des Weltgewerkschaftsbundes
2.10. Freundschaftsbesuch in der Sowjetunion. Treffen mit M. Gorbatschow
9.10. Empfang für polnischen Ministerpräsidenten Z. Messner
13.10. Gespräch mit iranischem Ministerpräsidenten H. Moussawi
17.-24.10. Asienreise. KVDR - VR China - Mongolische VR
31.10. Empfang für finnischen Reichstagspräsidenten E. Pystynen
8.11. Treffen mit H. Wehner in Hubertusstock

1987

7.1. Interview mit japanischer Fernsehgesellschaft NHK
12.1. Empfang des japanischen Ministerpräsidenten Y. Nakasone
16.1. Neujahrsempfang für das Diplomatische Korps
18.1. Briefwechsel mit den Kindern der USA-Stadt Moorestown
27.1. Empfang des Generalsekretärs der griechischen KP H. Florakis
2.2. Empfang des UdSSR-Außenministers E. Schewardnadse
12.2. Treffen mit Generalsekretär der italienischen KP A. Natta
13.2. Empfang des Ministerpräsidenten von Rheinland-Pfalz B. Vogel
5.3. Persönlicher Brief an W. Schäuble zur Initiative gegen Raketen
10.3. Einladung des Regierenden Bürgermeisters von Berlin (West),
E. Diepgen, zur 750-Jahrfeier überreicht
11.3. Besuch des Ministerpräsidenten des Saarlandes O. Lafontaine
15.3. Treffen mit F.-J. Strauß, M. Bangemann und E. Diepgen in Leipzig
16.3. Treffen mit Ministerpräsident von Baden-Württemberg L. Späth
27.3. Gespräch mit Bundesminister W. Schäuble
10.4. Gespräch mit FDP-Bundestagsfraktionsvorsitzenden W. Mischnick
14.4. Empfang des CSSR-Außenministers B. Chnoupek
20.4. Information durch UdSSR-Sondergesandten über Gespräche
von USA-Außenminister Shultz in Moskau
21.4. Vertreter der südafrikanischen Frontstaaten im Staatsrat:
Außenminister Sambias, Simbabwes, Tansania, VR Mocambique,
Justizminister VR Angola
6.5. Empfang des kanadischen Außenministers J. Clark
14.5. Übergabe der Nikolaikirche
15.5. Treffen mit SPD-Bundestagsfraktionsvorsitzenden H.-J. Vogel
18.5. Empfang für Außenminister Thailands S. Savetsila
19.5. Feierliche Übergabe des Berliner Ephrahim-Palais'
28.5. Meinungsaustausch mit M. Gorbatschow
1.6. Empfang für Klaus von Dohnanyi, Bürgermeister Hamburgs
2.6. Treffen mit Vertretern des japanischen Medienverbandes
3.6. Staatsbesuch in den Niederlanden
Empfang durch Königin Beatrix und Prinz Claus
8.6. Empfang für chinesischen Ministerpräsidenten Z. Ziyang
15.6. Empfang für den UNO-Generalsekretär P. de Cuellar
23.6. Empfang für Präsidenten der „Jewish Claims Conference" I. Miller
24.6. Antwortbrief an BRD-Rockmusiker U. Lindenberg
29.6. Empfang für Außenminister Zyperns G. Iacovou
1.7. Gespräch mit dem Bremer Oberbürgermeister K. Wedemeier
12.8. Empfang des Außenministers Uruguays E. Iglesias
4.9. Empfang des USA-Industriellen A. Hammer
7.9. Offizieller Besuch in der BRD. Empfang bei Bundespräsident
R. von Weizsäcker. Gespräch mit Bundeskanzler Kohl

14.9. Gespräch mit dem UdSSR-Verteidigungsminister D. Jasow
14.9. Empfang des Vorsitzenden des japanischen Unternehmerverbandes
       E. Saito
16.9. Besuch des polnischen Präsidenten W. Jaruzelski
23.9. Reise nach Bulgarien
29.9. Finnlands Staatspräsident M. Koivisto auf Einladung in der DDR
13.10. Staatsbesuch in Belgien auf Einladung von König Baudoin I.
23.10. Treffen mit O. Lafontaine, K. Wedemeier, K. von Dohnanyi, die
       zum Festakt der 750-Jahr-Feier Berlins in die DDR kamen
28.10. Freundschaftsbesuch in Rumänien
7.11. Treffen mit M. Gorbatschow in Moskau
11.11. Meinungsaustausch mit stellvertretendem USA-Außenminister
       J.C. Whitehead
12.11. Empfang des ANC-Präsidenten Oliver Tambo
13.11. Treffen mit Außenminister Afghanistans A. Wakil
23.11. Gespräch mit PKP-Generalsekretär A. Cunhal
8.12. Gespräch mit jugoslawischem Präsidenten B. Mikulic

1988

14.1. Empfang für Johannes Rau
4.2. Empfang für Otto Graf Lambsdorff, Mitglied des FDP-Präsidiums
7.1. Staatsbesuch in Frankreich. Treffen mit Präsident F. Mitterand und Ministerpräsident J. Chirac
10.2. Empfang für Präsidenten der algerischen Nationalversammlung R. Bitat
11.2. Gespräch mit Regierendem Bürgermeister E. Diepgen
18.2. Empfang für Sekretär der Libyschen Volksjamahiriya A. Kelani
2.3. Empfang für japanische Jugenddelegation
3.3. Gespräch mit dem Vorsitzenden der Konferenz der Evangelischen Kirchenleitungen in der DDR Bischof W. Leich
10.3. Besuch des Generalsekretärs der KPTsch M. Jakes
11.3. Gründung des Thomas-Müntzer-Komitees
13.3. Grußadresse des USA-Präsidenten R. Reagan an die Leipziger Messe. Begegnungen mit E. Diepgen und J. Rau
18.3. Griechische Kulturministerin M. Mercouri überbringt Schreiben von A. Papandreou
21.4. Gespräch mit BRD-Ministerpräsidenten Rheinland-Pfalz B. Vogel
22.4. Empfang für Vizepräsidenten Argentiniens V. Martinez
28.4. Empfang des CDU/CSU-Bundestagsfraktionsvorsitzenden V. Rühe
29.4. Treffen mit Vorsitzendem der SPD-Bundestagsfraktion H.-J. Vogel
4.5. Gespräch mit dem mocambiquanischen Außenminister M. Mocumbi
5.5. Empfang des MVR-Verteidigungsministers S. Jondon
10.5. Gespräch mit chinesischem Gewerkschaftsvorsitzenden Ni Zh fu
12.5. Empfang des tansanischen Premierministers J.S. Warioba
13.5. Gespräch mit UdSSR-Außenminister E. Schewardnadse
16.5. Treffen mit M. Theodorakis, der Botschaft von A. Papandreou überbringt.
16.5. Empfang für irakischen Außenminister T. Aziz
7.5. Besuch von R. Arismendi, Generalsekretär der KP Uruguays
18.5. Empfang für Präsidenten des spanischen Unternehmerverbandes C. Salvador
19.5. Gespräch mit Generalsekretär der Schweizer Partei der Arbeit J. Spielmann
26.5. Empfang für Präsidenten der spanischen Cortes P. Irazazabal
27.5. Gespräch mit Vorsitzenden der CDU/CSU-Bundestagsfraktion A. Dregger
27.5. Empfang für Bürgermeister der japanischen Stadt Arita R. Aoki
31.5. Staatsbesuch des rumänischen Ministerpräsidenten C. Dascalecy
2.6. Empfang des neugewählten Präsidenten des Verbandes der Jüdischen Gemeinden in der DDR H.-J. Levy
11.6. Empfang für Teilnehmer der 7. Jahreskonferenz des Instituts

für Ost-West-Sicherheitsstudien
11.6. Treffen mit ersten Stellvertreter des USA-Außenministers
J.C. Whitehead
11.6. Treffen mit USA-Senator W.S. Cohen, Vorsitzender der Pepsi
Cola Inc. D.M. Kendall
14.6. Empfang für Bundeskanzler Österreichs F. Vranitzky
20.6. Treffen für kernwaffenfreie Zonen in Berlin
24.6. Reise zum deutsch-polnischen Jugendtreffen nach Wroclaw
29.6. Treffen mit polnischem Innenminister C. Kiszczak
15.7. Tagung des Politisch Beratenden Ausschusses des Warschauer
Vertrages in Warschau
19.8. Appell an Präsidenten Südafrikas: Nelson Mandela freilassen
26.8. Empfang für S. Jähn und W. Bykowski zum 10. Jahrestag des Raum-
flugs
31.8. Empfang des Außenministers Guyana R.E. Jackson
5.9. Treffen während Leipziger Messe mit Bundesminister M. Bangemann
8.9. Freundschaftsbesuch des ungarischen Ministerpräsidenten K. Grosz
14.9. Staatsbesuch des dänischen Ministerpräsidenten P. Schlüter
15.9. Empfang Y. Arafats, Vorsitzender Exekutivkomitee der PLO
18.9. Treffen mit SPD-Vorsitzendem O. Lafontaine
19.9. Arbeitsbesuch des Ministerpräsidenten von Laos K. Phomvihane
27.9. Arbeitsbesuch in der UdSSR. Treffen mit M. Gorbatschow
3.10. Staatsbesuch im Königreich Spanien
10.10. Freundschaftsbesuch des Vorsitzenden des mongolischen
Großen Volkshurals S. Batmunch
11.10. Treffen mit erstem Stellvertreter des USA-Außenministers
J.C. Whitehead
12.10. Übergabe der 3.000.000. Wohnung in Berlin-Hohenschönhausen
17.10. Treffen mit E.M. Bronfmann, Präsident des Jüdischen Weltkongresses
24.10. Treffen mit Generalsekretär der syrischen Baath-Partei S. Kaddah
26.10. Empfang des portugiesischen Außenministers J. de Deus Pinheiro
28.10. Begegnung mit T.S. Monson (USA), Repräsentant der Mormonen
3.11. Empfang des Außenministers Luxemburgs J. Poos
8.11. Empfang der Mitglieder jüdischer Gemeinden in der DDR
10.11. Grundsteinlegung für Neue Synagoge in Berlin
10.11. Treffen mit Bundesminister W. Schäuble
16.11. Treffen mit Vorsitzendem der Krupp-Stiftung B. Beitz
17.11. Arbeitsbesuch des rumänischen Staatspräsidenten N. Ceaucescu
7.12. Empfang des jugoslawischen Staatspräsidenten R. Dizdarevic
15.12. Arbeitsbesuch des PLO-Vorsitzenden Y. Arafat

1989

9.1. Einladung nach Magnitogorsk zum 60. Jahrestag der Inbetriebnahme

11.1. Neujahrsempfang für das Diplomatische Korps

16.1. Empfang K.A. Körber, Initiator des „Bergedorfer Kreises"

25.1. Empfang des Oberkommandierenden der Streitkräfte des Warschauer Vertrages Marschall Kulikow

23.1. Staatsbesuch des schwedischen Ministerpräsidenten I. Carlsson

30.1. Empfang C. Almeydas, Generalsekretär der SP Chiles

31.1. Treffen mit Ministerpräsident des BRD-Landes Schleswig-Holstein und Präsidenten des BRD-Bundesrates B. Engholm

20.2. Gespräch mit Vorsitzendem der KP Luxemburgs R. Urbany

23.2. Treffen mit Ministerpräsidenten des BRD-Landes Baden-Württemberg L. Späth

24.2. Gespräch mit Hamburger Bürgermeister H. Voscherau

12.3. Treffen mit NRW-Ministerpräsident J. Rau in Leipzig

12.4. Empfang für Außenminister, die am Treffen der Außenminister der Staaten des Warschauer Vertrags teilnahmen

17.4. Gespräch mit CSSR-Ministerpräsident L. Adamec

27.4. Empfang für Ministerpräsidenten Niedersachsens und stellvertretendem CDU-Vorsitzenden E. Albrecht

28.4. Empfang für Vertretung der Stadt Magnitogorsk

3.5. Arbeitsbesuch in der CSSR

16.5. Freundschaftsbesuch des äthiopischen Präsidenten M.H. Mariam

18.5. Empfang des belgischen Prinzen Albert und des belgischen Außenministers R. Urbain

22.5. Staatsbesuch des polnischen Präsidenten W. Jaruzelski

25.5. Gespräch mit SPD-Vorsitzendem H.-J. Vogel

26.5. Besuch des Staatspräsidenten Mocambiques J.A. Chissano

9.6. Gespräch mit UdSSR-Außenminister Schewardnadse

11.6. Weihe des Doms St. Nikolai in Greifswald

16.6. Empfang des algerischen Außenministers A. Escheikh

19.6. Treffen mit Regierendem Bürgermeister Berlin (West) W. Momper

28.6. Arbeitsbesuch in der UdSSR und Reise nach Magnitogorsk. Treffen mit M. Gorbatschow

2.7. Besuch der KP Chiles mit Generalsekretär V. Teitelboim

4.7. Treffen mit BRD-Bundesminister R. Seiters

8.7. Tagung des Politisch Beratenden Ausschusses der Teilnehmerstaaten des Warschauer Vertrages. Vorzeitige Rückreise wegen Erkrankung

2.10. Begegnung mit R. Maxwell (USA), der das erste Exemplar der Enzyklopädie „Information GDR" seines Verlages überreicht

7.10. 40-Jahrfeier der DDR. Treffen mit M. Gorbatschow

1) Wolff, Verlorene Prozesse 1953 - 1998, Baden-Baden 1999, S. 267 f
2) Wer war wer in der DDR?, Berlin 2000, S. 530
3) Lorenzen, Erich Honecker, Hamburg 2001, S. 60
4) Ebenda S. 68
5) Kunze, Staatschef a.D., Berlin 2001, S. 86
6) Der Spiegel 44/1992,
7) Kunze, a.a.O., S. 191
8) Ebenda S. 176
9) Der Spiegel 44/1992,
10) Ebenda
11) Neues Deutschland, Berlin, 14.11.1992
12) Morgenpost, Berlin, 30.12.1992
13) Märkische Allgemeine Zeitung, Potsdam, 16.12.1992
14) Kunze, a.a.O., S. 124 f
15) Ebenda
16) PrivS.
17) Ebenda
18) Ebenda
19) Kunze, a.a.O., S. 125
20) Ebenda
21) Eberle, Anmerkungen zu Honecker, Berlin 2000, Rücktitel
22) Ebenda S. 63 f
23) Ebenda S.82
24) PrivS.
25) Ebenda
26) Eberle, a.a.O., S. 84
27) Grisham, Der Verrat, Hamburg 1999, S. 192
28) Das Parlament, 26.9.1997
29) Frankfurter Rundschau, 12.9.1987
30) taz 31.1.2000
31) Die letzte Rede Erich Honeckers, Berlin 1992
32) Der inzwischen verstorbene Otto B. war ein österreichischer Genosse, mit
    dem Honecker lange befreundet war
33) Schalck-Golodkowski, Deutsch-deutsche Erinnerungen, Hamburg 2001, S. 341
34) Moabiter Notizen, Berlin 1994, S. 83 ff
35) Schalck-Golodkowski, Deutsch-deutsche Erinnerungen, Hamburg 2001, S. 96
36) Ebenda
37) Selbmann, Der Prozeß, Berlin 1993

INHALT: